THE STONE WALL

The Stone Wall

MARY CASAL

Tradução e notas de
FRANCISCO ARAÚJO DA COSTA

MEIA AZUL

Bas-bleu ("meias azuis", em tradução livre): antiga expressão pejorativa para desdenhar de mulheres escritoras, que ousassem expressar suas ideias e contar suas histórias em um ambiente dominado pelos homens. Com a ***Coleção Meia-azul***, voltada para narrativas de mulheres, a Ímã Editorial quer reconhecer e ampliar a voz dessas desbravadoras.

APRESENTAÇÃO

Ruth Fuller Field, sob o pseudônimo de Mary Casal, teve a coragem de poucas pessoas: contou a história de sua vida de forma totalmente franca. Desde os abusos sexuais vivenciados em sua infância e adolescência até detalhes completos sobre seus romances.

Ela era a mais nova de 9 filhos, de uma família fazendeira da Nova Inglaterra, que seguia ideologia conservadora e com tendência artística. Ela puxou isso do pai, e amava a arte da pintura.

Nascida em 1864, escreveu o livro aos 65 anos e relembra situações que passou desde pequena. Como quando homens mais velhos a abusavam sexualmente. O entendimento de que aquilo era algo errado e de que ela era a vítima demorou a chegar, se é que ele chegou em algum momento. Ela viveu o que toda mulher vive: o medo de não agradar, de não ser interessante, e ter que fazer o que for preciso para se encaixar. E ela fez. Queria ser como os meninos, brincar com eles e ser tratada de igual para igual. Chegava a se vestir de forma parecida e questionava, naquela época, vestimentas, atitudes e estereótipos ditos femininos e masculinos. Algo inédito vindo de uma mulher.

Enquanto sofria abusos, chegou a envolver-se sexualmente de própria vontade com homens, como tentativa de seguir o padrão heteronormativo. No entanto, ela começou a perceber logo cedo uma sensação diferente com as meninas, sem regras. O que ela chamava de "amizade" e "temperamento" era a sexualidade começando a aflorar.

Mas o que Mary Casal desejava era ter o poder que os meninos tinham. Assim como toda garota daquela época (e até hoje, convenhamos), criada para ser mãe, ela desejava ter filhos. Foi assim que se casou e viveu uma breve vida-padrão, frustrada por não conseguir ser como as pessoas que têm filhos e desejam seguir essas regras.

E mesmo enquanto tentava engravidar, casada, ela se envolveu com outras mulheres. Em sua escrita mostra uma certa naturalidade ao falar do assunto, mas se assusta quando encontra outras mulheres com as "mesmas atitudes", como ela dizia. Lidar com o fato de que ela e Juno não eram as únicas mulheres no mundo que se amavam foi transformador para ela. E também para quem lê o livro.

Digo isso porque essa parte me toca pessoalmente. Hoje me identifico como mulher lésbica, mas levei 29 anos para entender minha sexualidade. E aos 32, onde me encontro, ainda vou descobrindo, me entendendo... E me vi demais na história dessa mulher que precisou usar outro nome para falar sobre questões tão profundas e sinceras. E com uma riqueza de detalhes tão necessária para mim atualmente... imagine para as mulheres da época em que o livro foi publicado!

Quebrar a heterossexualidade compulsória é um desafio. Entender que você pode se relacionar com outra mulher e não seguir o "certo", que é estar com um homem, é um tabu ainda em 2021.

Entender que mais mulheres podem praticar o amor uma pela outra, o afeto, é aceitar que essa forma de existir é válida. Naturalizar esse romance lésbico é iluminar uma vivência tão normal, porém tão pouco falada amplamente. As palavras de Ruth trazem à tona a possibilidade de viver além das regras, do que foi imposto, da norma a ser seguida como ideal.

Afinal de contas, o que é certo? O que é errado? E esse ideal? Por que todo mundo segue as mesmas regras? Tenho certeza de que você vai sair dessa leitura com um novo olhar, muito mais empático e acolhedor sobre essas pautas que ela aborda tão delicadamente e com uma franqueza encantadora.

(Detalhe: esse livro teve um impacto tão importante na libertação da sociedade norte-americana que talvez tenha influenciado a abertura do homônimo Stonewall Inn, que, 40 anos depois, seria o palco da revolta que deflagrou a luta pelos direitos LGBTQIA+.)

Mary Casal tem um papel essencial na história da nossa comunidade e certamente sua história merece ser conhecida, falada e amplamente divulgada. Se hoje estamos aqui celebrando nossa existência e com força para lutar nossas batalhas, é porque mulheres como ela vieram antes e capinaram para que a gente possa construir um longo caminho para quem está por vir.

Que você se inspire com a história dessa mulher que não teve uma vida fácil, mas conseguiu sobreviver e mostrar pra gente que existimos há séculos, não somos modinha, não somos uma fase, somos mulheres que amam outras mulheres. É uma honra escrever essas palavras diante de tanta história, de tanta inspiração vinda de uma mulher fora do padrão, assim como eu.

Então siga.
Boa leitura, meuamo.

Alexandra Gurgel
Jornalista e escritora
Pare de se odiar, Comece a se Amar
@alexandrismos @movimentocorpolivre

PREFÁCIO DA AUTORA

Se não quiser conhecer a verdade sobre assuntos que foram recebidos com a arma mais poderosa de todas, o silêncio, não leia este livro. Na minha opinião, essa arma é mais letal para o desenvolvimento da mente e da alma humana do que a metralhadora é para o corpo do homem na linha de fogo.

Creio que chegou o momento de desvendar o mistério sobre questões que estão na base de muitos males de hoje. Não é uma ideia nova. Muitos concordam e estão aceitando artigos bastante espontâneos e honestos sobre os problemas sexuais que afetam a conduta da juventude.

Escrevem-se romances que lidam abertamente com os chamados tipos "normais" da humanidade, guiando os leitores pelos diversos canais das relações amorosas e os episódios resultantes, sem deixar nada à imaginação, apenas incluindo alguns asteriscos para se adequarem às ideias dos reformistas intrometidos e dos censores voluntários.

Este livro não é ficção. Estou escrevendo sobre minha vida, minhas experiências reais, desde as primeiras lembranças até os quase setenta anos de idade.

Muitos vão dizer que foi uma vida anormal. Não creio que todas as mulheres tenham passado pelas mesmas experiências que passei (espero que não, pelo bem delas), mas acredito que todas tenham tido alguns dos problemas que fui forçada a enfrentar.

A maioria vai alegar não conhecer nenhum deles, temendo aceitar, mesmo para elas mesmas, a verdade por inteiro. Para avaliar as reações na mente infantil, peço às leitoras de hoje que lembrem que nasci em 1864, e também que entendam a atmosfera da vida doméstica naquele período.

Espero falar abertamente sobre coisas que, nos romances modernos, são representadas por asteriscos; no palco, pelo fechar das cortinas; na imprensa, muitas vezes sem restrição, mas como "notícias" ordinárias para vender exemplares; e em conversas, erguendo sobrancelhas ou dando de ombros.

Foi preciso coragem para expor os fatos de uma vida extraordinária, mas faço isso na esperança sincera de iluminar por um ângulo novo e diferente o esforço dos pais de entender seus filhos, além de levar ao mundo a ideia de que, sem a verdade, nada se conquista nesta vida.

CAPÍTULO I

Alguns brotos de verbasco, mais conhecido como "vela-de-bruxa", apareceram no meu jardim. Ervas daninhas. É preciso arrancá-las, mas o verde-sálvia aveludado daquelas folhas felpudas me conteve. Meu cérebro retrocedeu vários anos até um sermão que ouvira um pastor unitarista[1] pregar sobre o tema "que são ervas daninhas?". Ele prefaciou seu discurso recontando uma experiência que tivera em seu jardim certa manhã. Um menininho, espiando pela cerca, perguntara: "o que cê tá fazendo?". "Capinando as ervas daninhas", o pastor respondeu. "Que são ervas

---

1 *Vertente mais liberal dos evangélicos norte-americanos, que acreditava na humanidade de Jesus Cristo.*

daninhas?", o menino perguntou de volta. A memória daquele sermão permaneceu comigo por muitos anos, e voltou à tona naquele momento. Quem há de determinar que uma planta é uma erva daninha e deve ser arrancada, pois sempre foi assim? Aquelas "ervas" de verbasco cresceram e floresceram, recebendo o mesmo cuidado que as flores legítimas do jardim. Como pareciam gratas! As folhas se alargaram e ganharam espaço. A visão daquele verde maravilhoso, saído de um quadro de Corot,[2] alegrava meu coração todos os dias, tanto quanto alegraram as pinturas daquele grande artista.

Nos primeiros anos, as folhas, cobertas pelo orvalho da manhã, ou com gotas de chuva que pendiam no seu esplendor cintilante, reluziam com matizes variadas que pareciam me comunicar a gratidão que sentiam pelo carinho e pelo interesse que dera a uma erva daninha tão desprezada.

No segundo verão, o caule florido atingiu alturas desconhecidas no seu estado natural. As amigas que "nunca teriam imaginado tomar conta de uma erva daninha" ficavam admiradas com o canteiro de verbasco.

Coisas vivas sempre me interessaram. Cheia de vitalidade, mergulhava no trabalho ou em diversões com entusiasmo. Creio que tive sucesso em ambos. Às vezes, tendo chegado a uma idade em que me tornei menos ativa, sinto que talvez tenha sido uma das "ervas daninhas" que deveria ter sido arrancada e jogada fora.

---

2 *Jean-Baptiste Camille Corot (1796-1875), pintor realista francês.*

Quantos de nós têm coragem para contar toda a verdade sobre si mesmos? É o que farei, custe o que custar. Todos temos duas vidas para viver? Sempre vivi duas vidas separadas. Se elas fossem somadas, eu teria muito mais de cem anos de idade. Em ambas as vidas, sempre fui absolutamente honesta.

Não espero resolver nenhum grande problema e não tenho uma cura para os muitos males da sociedade moderna. Tenho uma resposta razoável para a pergunta: "por que somos todos mentirosos?". Sim, somos, e você sabe que sim, e fomos por toda a vida. Todos vivemos as mentiras mais cruéis e agoniantes. Sei por que agi assim, e creio que muitas reconhecerão que essa carapuça lhes servirá muito bem.

Li muitas obras sobre adolescência e questões sexuais, mas elas quase sempre estão cheias de teorias, utilizando um linguajar tão rebuscado que o leigo tem grande dificuldade para entender o sentido. Nada do que virá a seguir será difícil de compreender.

Nasci no interior da Nova Inglaterra. Filha de pais honestos, por isso pobres. No lado materno, venho daquela linhagem prolífica de puritanos que chegaram no Mayflower; no paterno, de uma família artística de origem inglesa, composta principalmente de músicos e pintores, com ideias mais amplas do que as dos filhos dos peregrinos.

Vim ao mundo em 1864; a nona e a raspa do tacho. Meus irmãos costumavam me animar dizendo que nossos pais ficaram tão enojados quando me viram que decidiram encerrar as encomendas. Mais tarde, eu passei a responder que quando alcançaram a perfeição, os dois cancelaram as encomendas.

Quando cheguei à idade de brincar, meus únicos companheiros eram meninos: um irmão e três primos que moravam do outro lado da rua. Meus gostos tendiam naturalmente para esportes de menino e a vida ao ar livre. Atribuí a esse fato minha predisposição masculina, inclusive para o que diz respeito a roupas. Sempre me senti mais à vontade com ternos, sapatos de salto baixo etc. Sinto que preciso estar fisicamente confortável para dar o melhor de mim. Simplesmente ignoro as convenções de vestuário. Fumei toda a minha vida. Antes de as mulheres fumarem abertamente como fazem agora, justificava o hábito dizendo que brincara com meninos na juventude e que, para isso, tinha de fumar também, pois eles tinham medo de que eu fosse "dedurá-los" se não fumasse.

Nunca ninguém conseguiu me convencer a brincar de boneca. Como odiava aquela que ganhei de Natal, quando tanto ansiava por um canivete! A decepção foi tão grande que papai me emprestou sua faca reluzente com cabo de cobre, com a instrução de que deveria me sentar paradinha sobre as raízes de um olmo enorme e talhar um galho especial que me dera. Que alegria! Em menos de cinco minutos, a família foi convocada pelos meus gritos! Eu havia cortado o dedo indicador da mão esquerda até a primeira junta, e ele ficara pendurado só pela pele. Minha irmã mais velha prontamente quebrou algumas mechas de acender a lareira, colocou a tala sob a articulação do dedo e amarrou-a com uma tira de tecido de algodão. Hoje não sobrou nem mesmo uma cicatriz, e o dedo funcionou perfeitamente bem durante toda a vida, com uma junta que se movimentava normalmente. Pensando nos grandes avanços que ocorreram em primeiros-socorros e nas habilidades desenvolvidas no campo da cirurgia, tremo ao imaginar o que teria perdido se o acidente tivesse acontecido mais recentemente.

"Sair com os meninos" era meu lema e minha diversão. Esportes! Como eu gostava dos jogos deles. Aliás, poderia dizer "meus jogos", pois minha imaginação era tão atenta quanto a dos meninos, e eles se interessavam pelas minhas sugestões tanto quanto pelas deles próprios. Meu irmão era considerado o "chefe", já que era o mais velho do grupo.

A velha fazenda da família, onde moravam meus primos, e a fazenda diante dela (minha casa) testemunharam batalhas reais e famosas entre os índios no passado. Conhecíamos as histórias dessas lutas sangrentas tão bem que as repassávamos na imaginação e, sangue à parte, as reconstituíamos sempre em nossas brincadeiras.

Tínhamos coleções maravilhosas de pontas de flechas, lanças, pilões e cerâmica indígena que recolhíamos por todos os cantos de ambas as fazendas. No outono, nosso prazer era brincar nas ocas que fazíamos com pés de milho empilhados (um pouco mais do que nossos antepassados brincavam, imagino).

É claro que fui colocada para costurar, tricotar e fazer todas as coisas convencionais com que uma menina da Nova Inglaterra deveria se ocupar; essas tarefas eram um pesadelo e eram quase sempre concluídas enquanto os meninos esperavam impacientemente ao lado da janela. As brincadeiras não estavam completas sem mim, pois eu estava à altura em habilidade e superava-os em alguns dos jogos.

Quando eles tinham trabalho a fazer, eu ficava muito feliz em colaborar e fazer minha parte. O trabalho deles sempre pareceu muito mais interessante que o meu. Fazia sentido empilhar madeira, rachar lenha, arrancar ervas daninhas e buscar as vacas, mas assistir a minha mãe cortar peças de chita perfeitamente boas em retalhos pequenos para que eu os costurasse de volta parecia tão inútil! Pobres mães daquela época! Hoje em dia esse tipo de trabalho acontece quase todo nas escolas, e é muito mais atraente.

Minha alegria ficava completa quando recebia autorização para usar roupas de menino enquanto brincava ao ar livre. Creio que mamãe permitiu esse desvio em relação às convenções como uma maneira de poupar trabalho, pois as saias e as anáguas muitas vezes ficavam em um estado deplorável após uma caça a ninhos de pássaros ou outras traquinagens.

Lembro-me de um episódio bastante divertido, o qual relatarei para mostrar que éramos todos meninos quando brincávamos juntos. Tínhamos grandes coleções de ovos. Fomos ensinados a tirar somente um ovo do ninho e sequer encostar nos outros. Nós nos revezávamos para trepar nas árvores até o alto em busca do ovo cobiçado. Era minha vez de subir e o ninho estava em um lugar muito difícil. Cheguei bem ao topo, capturei um ovo e o coloquei dentro da boca para a descida. Estava quase no chão quando meu pé escorregou e o ovo se quebrou! Ah, que horror! Estava maduro demais para ser palatável e cheguei ao solo tomada por uma angústia no espírito e na boca. Ainda assim, fui atacada e levei uma sova dos "outros meninos", que não deram a mínima importância para meu desconforto. Passei muito tempo sendo culpada pela perda daquele ovo, considerada uma desgraça de grandes proporções.

CAPÍTULO II

Em meio a um dos grandes e gloriosos jogos nos celeiros, quando estava em meu elemento natural, vestida com as roupas de um dos meninos, tive que voltar a casa por motivos urgentes. Após me questionarem quanto à seriedade da questão e descobrirem que era apenas "pipi", o nome que todos utilizávamos para a necessidade menor, os meninos resolveram ali mesmo que eu não precisaria voltar para a casa, pois estava de calças. Eles me mostraram o buraquinho na frente da calça, colocado ali convenientemente para esse propósito. Ficamos todos muito aliviados que a brincadeira não seria interrompida.

Eles me disseram para ir até o cantinho, como haviam sido ensinados, e virar de costas. Essas pareciam ser instruções suficientes, mas eu não conseguia resolver o mistério da referida abertura como solução para meu desejo cada vez mais urgente de me aliviar. Os dois elementos que pareciam importar eram óbvios: o buraquinho nas calças e o canto isolado, mas e depois?

Explicaram que precisava apenas tirar algo para fora antes que pudesse realizar o ato. Mas não havia nada para tirar, reclamei. O clã se reuniu para uma conversa séria. Um a um, tentaram encontrar aquilo que imaginavam crescer em todas as crianças da mesma maneira, mas sem sucesso!

Infelizmente, a natureza se impôs. Tive que correr para casa, o rosto banhado em lágrimas, e também humilhada e abalada pela queda do pedestal da minha igualdade com os meninos. Fui direto para minha mãe e, em meio a lágrimas de vergonha e rebeldia, tentei contar que havia algo de errado comigo e expliquei tudo que havia acontecido.

O resultado? Prontamente levei palmadas enquanto trocava minhas roupas. Recebi a sempre odiada tarefa de costurar e fui mandada ficar dentro de casa, sem uma palavra de explicação. Creio que o medo da verdade e a perda de confiança na minha mãe começaram naquele instante. Passei muito tempo sem permissão para usar calças. Presumo que todos acreditaram que a surra me ensinara o que viria pela frente caso o episódio se repetisse. É possível que o grande aumento da cesta de retalhos tenha tido alguma relação com mamãe finalmente ceder às minhas súplicas para usar roupa de menino. Até então, sempre estivera ciente do desprezo dos meninos e meu orgulho estava ferido.

Fiquei contente quando finalmente apareci "vestida direito", como queria, com a autoestima recuperada e torcendo para minha posição entre os meninos voltar ao normal. No entanto acredito sinceramente que já naquele momento tínhamos nossas dúvidas.

O método utilizado pela minha mãe foi sensato? No entendimento dela, deve ter sido. A tradição dominava.

Seria melhor se nossos pais tivessem conversado sobre as questões sexuais quando surgiam e tivessem explicado as razões para as diferenças de anatomia entre meninos e meninas. Quanto poderia ter sido poupado para as gerações posteriores! Mas eles eram tão presos à tradição que simplesmente não conseguiam adotar essa política.

Na minha opinião, aquela era a época em que deveriam ter explicado, do modo mais singelo, todas as verdades maravilhosas da criação. Quando a criança é capaz de se perguntar, é chegado o momento de explicar tudo, sem exceções.

Qual foi o resultado do método utilizado pela minha mãe? Após o ocorrido, nós, as crianças, tivemos conversas frequentes sobre a descoberta da nossa diferença de composição. Se eu fora punida por contar o que acontecera, devia ser algo digno de investigação. Ficou firmemente decidido que seria inaceitável procurar minha mãe com mais histórias sobre essas conversas ou investigações. Foi determinado que era apenas um caso de falta de desenvolvimento das minhas partes; que o labiozinho que fora aberto e puxado naquela vez em que tentei não interromper o jogo iria crescer e se tornar igual ao dos meninos.

Meu nojo por não ter nascido um menino de verdade desde o princípio, que precisaria esperar até certas partes se desenvolverem, começou naquela época.

Agora surgia um mistério naquela diferença, já que até então as únicas marcas de distinção sexual eram o uso de calças ou de anáguas. Quando vestia calças, eu era um menino de verdade, ou assim parecia a todos nós.

Eu não podia ter mais de três ou quatro anos nessa época, enquanto meu irmão e um primo eram dois anos mais velhos. Escuto muito as pessoas dizerem que uma criança dessa idade é jovem demais para entender as verdades da vida. Ainda defendo que o momento em que uma criança começa a se perguntar é quando devem ser oferecidas explicações razoáveis. As crianças são seres humanos racionais no instante em que tomam ciência da diferença entre sim e não.

Sei que teria entendido por que estava levando palmadas naquela ocasião solene se tivessem me explicado. Afinal, se não fosse capaz de compreender, por que o episódio e as reações mentais que provocou iriam se fixar em minha mente durante todos esses anos?

Então começamos a realizar sessões secretas regularmente, primeiro com um primo mais velho e meu irmão. A curiosidade deles era muito maior que a minha. Para mim, bastava ter de suportar a vergonha de ser esquisita. Mas, pior ainda, agora era forçada a me submeter a essas sessões, sob a ameaça de ser proibida de participar dos jogos que tanto amava. Eu simplesmente era obrigada a reconhecer a superioridade do macho, pois sua composição era muito mais perfeita e conveniente.

Os dois meninos devem ter aprendido um pouco com os "faz-tudo" ou com os meninos mais velhos na escola, pois continuaram a me fazer exigências. Não era sempre, apenas de vez em quando. No início, parecia ser somente uma questão de curiosidade. Eles me observavam em busca de sinais de que estaria me tornando igual a eles. De certa maneira, isso também me interessava, pois lembro da minha decepção sempre que a conclusão de "nenhum progresso" era apresentada. Havíamos jurado segredo, por motivos óbvios. A essa altura, a aula de mentira já havia sido bem aprendida. A maioria dos pais acredita que, quando surge qualquer pergunta sobre questões de sexo ou relativas a "partes íntimas" (que denominação desastrosa!), uma boa surra acaba com todos os problemas; na verdade, é apenas o começo de uma vida de mentira e o nascimento de um obstáculo à confiança entre pais e filhos.

Não estou tentando apresentar um álibi quando digo que não estava interessada nessas sessões de aventura. Realmente acredito que era o terror de ter que abrir mão das brincadeiras e jogos, que eram minha grande paixão. Aquilo era feito com o mesmo espírito que o trabalho doméstico obrigatório: era um meio para um fim.

Eu tinha trabalho a fazer regularmente. Nunca foi transformado em algo interessante para mim, como o fiz para muitas crianças durante a vida adulta, mas era exigido de mim e chamado de dever! Dever! Acredito que toda criança odeia essa palavra. Entendemos melhor a inutilidade desse argumento com o passar dos anos, mas na juventude somos incapazes de responder: "não pedimos para vir ao mundo. Somos o preço ou talvez a recompensa. Você provavelmente não nos queria. Você fala do nosso dever para com os pais. Qual é o seu dever para conosco?".

Nunca gostei de costurar, tricotar, lavar pratos ou varrer, mas fazia isso todos os dias e nunca me aborrecia. Minha irmã mais velha também odiava lavar os pratos. Ela sempre chorava durante a execução da tarefa, então minha mãe colocou um quadro sobre a pia para que, cada vez que minha irmã chorasse, ela colocasse ali uma marca de giz. Quando as marcas se acumulavam, a pobre chorava mais do que nunca, então creio que o experimento foi abandonado.

Eu estava sempre alegre. Embora tenha me gabado de nunca ter sido castigada na escola, sei que isso se deve ao fato de que, muitas vezes, fazia o professor cair na risada antes de desferir o golpe, e era assim que escapava da sova tradicional. Naquela época, a pergunta nunca era: "você levou uma surra hoje?", mas sim: "quantas vezes?".

Eu trabalhava rápido, pois o incentivo estava quase sempre à minha janela, na forma de três meninos me esperando para sair para brincar.

Com o passar do tempo, os meninos mais velhos fizeram uma grande descoberta: seus pequenos órgãos tinham vida e vitalidade. Como se sentiam importantes! Eles tinham a necessidade de me mostrar como aquilo era maravilhoso. Em particular, é claro, pois nenhum queria que o outro soubesse das suas sessões comigo. Havíamos perdido a esperança de que minha anatomia se desenvolvesse, e éramos forçados a admitir o fato de que eu era, e sempre seria, diferente e de um nível inferior ao deles. Aquilo partia meu coração.

Não quero dar a impressão de que nossa mente estava focada apenas nesse assunto, como este relato poderia sugerir. Tínhamos brincadeiras maravilhosas, quase todas invenções nossas. Caçávamos relíquias indígenas com animação, passando dias e dias escavando para encontrar cada pedacinho de uma cerâmica enterrada, sem dúvida, em algum túmulo. Fazíamos longas caminhadas na floresta e caçávamos animais selvagens imaginários. Jogávamos bola no verão e andávamos de trenó e patinávamos no inverno. Formamos corpos fortes e vigorosos sem a ajuda de vitaminas ou calorias. Em suma, éramos crianças normais, iguais a muitas crianças de hoje. Graças a Deus, alguns pais abriram os olhos! É minha esperança que esta história forçará mais alguns a abrir os olhos também.

Não demorou para que nos ocorresse a ideia de que deveria haver alguma razão para que meninos e meninas fossem diferentes. Eu nunca soube de onde os meninos tiravam suas informações. Nunca me importei. Quando expressava minha surpresa sobre eles saberem tanto, a única resposta que recebia era que "meninos sabem dessas coisas", e eu não queria me deter sobre um fato que me causava tanta tristeza.

Observar os animais pela fazenda produzira alguma explicação nebulosa. Havíamos sido religiosamente informados para nunca olhar quando um galo estivesse em cima de uma galinha, pois era "safadeza". Difícil imaginar incentivo maior do que esse para uma criança.

É claro que olhávamos fixamente para a cena, tentando descobrir o que havia de "safado" naquela bobagem.

Nem a galinha nem o galo pareciam se machucar. Colhíamos quase tantos ovos quanto antes. As galinhas ciscavam como sempre. Ninguém era castigado, então a conclusão era que os pais não sabiam do que estavam falando, e creio que estávamos mais ou menos certos. Em seguida, vieram experimentos de "brincar de galo e galinha", sempre às escondidas, sem nunca entender o porquê, e eu sentia a degradação crescente de ter que sempre interpretar o papel da "galinha", inferior e submissa!

Eu odiava essa brincadeira, que não era frequente, graças a Deus, mas as tolerava por medo de ser proibida de participar da alegria das outras brincadeiras mais divertidas.

Nesta análise das primeiras memórias, meu objetivo tem sido determinar se minhas tendências iniciais eram de natureza sexual. Se este livro terá algum valor para a solução de qualquer problema, seria meu desejo falar livremente sobre qualquer satisfação que tenha derivado dessas experiências quanto do nojo que sentia. Não me refiro a satisfação física, é claro, mas elas realmente não eram interessantes para mim, nem mesmo pela curiosidade.

CAPÍTULO III

Eu devia ter uns oito ou nove anos quando outra experiência aconteceu em minha vida. Por morar em uma fazenda, eu estava sempre atenta a tudo que acontecia do lado de fora. Dentro de casa só se falava de certos assuntos femininos que nunca me interessaram. Mas eu não me opunha ao trabalho. Nunca fui preguiçosa.

Relembrando aqueles primeiros anos, creio que meu irmão tirava vantagem de mim. Eu ralava as mãos ajudando-o ou fazendo suas tarefas em troca de uma promessa especial de uma corrida de cavalo ou alguma outra atividade, que eram tudo para mim.

Na primavera, quando o rio "rachava" e os discos de gelo começavam a correr, vinha a grande "inundação".

Hoje, quando penso naquele "grande rio", só posso sorrir. Era só uma canaleta cavada para mover um moinho, desviada de um pequeno, mas belíssimo, afluente do rio Connecticut. Naquela época, no entanto, parecia enorme. A inundação da primavera era tão importante e emocionante para nós quanto o dilúvio foi para os filhos de Noé.

Éramos proibidos de chegar perto do córrego durante a cheia e, por segurança, éramos mandados para o celeiro grande, onde, de algumas das janelas de cima, enxergávamos os prados cobertos de água.

O "faz-tudo" estava, é claro, no celeiro, pois era impossível trabalhar no campo com aquela chuva forte. Por ser menina (talvez), e um pouco mais baixa do que os meninos, o faz-tudo me levantou até a janela de cima, de onde veria tanto da "inundação" quanto os meninos, que estavam empoleirados nas vigas. De repente, senti sua mão sob minha roupa e aquela besta humana me tateando. Fiquei furiosa e fugi imediatamente dos seus braços. Ele sussurrou que devia ficar parada e que, se contasse para alguém, iria me jogar na enchente. Ele nunca mais encostou em mim, mas tentou várias vezes me subornar para ir com ele até o celeiro, o que sempre me recusei a fazer. Imagino que não foi fácil, pois doces eram uma raridade na infância. Todos os meus instintos iam de encontro ao contato com aquele homem; finalmente, disse que se falasse comigo de novo eu contaria tudo ao meu pai e ele seria mandado embora.

Aquele episódio me ensinou que meus instintos naturais não eram de natureza sexual. Conheci meninas da mesma idade que me disseram que era divertido quando alguém brincava com suas partes íntimas.

A razão de eu me submeter a esse tipo de coisa com os dois meninos é óbvia. Eu estava simplesmente pagando o preço que cobravam pela companhia.

Havia uma terceira família na pequena vizinhança em que morávamos; amigos íntimos dos meus pais. O homem e a esposa tinham um grande interesse por música e o filhinho pertencia ao meu grupo de amigos. A música fora a profissão do meu pai antes de perder a voz para concertos e se dedicar à fazenda. Nosso lar era o centro musical de toda a cidade, não só da vizinhança, apesar de ficarmos a quatro quilômetros de distância.

Meu pai ainda tinha uma encantadora voz de tenor, e o vizinho, que chamaremos de sr. Wiggins, tinha uma potente voz de baixo profundo. Sua esposa sempre acompanhava as cantorias. Nessas ocasiões, eu me sentia à vontade, pois amava todas as músicas. Para mim, naquela época, o que me emocionavam era obviamente apenas os belos sons e a harmonia das duas vozes. Era um verdadeiro banquete para a alma. Eu passava horas a fio sentada, escutando, me divertindo tanto quanto sempre fizera com as brincadeiras ao ar livre.

Para mim, o sr. Wiggins era uma espécie de deus. Ficava maravilhada com sua voz grave e profunda. Em muitos aspectos, me emocionava mais do que a de tenor do meu pai. Como disse, a voz de meu pai estava em declínio, e se lembrarem que fui a nona a nascer, ficará ainda mais evidente que ele já não estava no seu auge. Ainda assim, ele continuou lecionando por um longo tempo.

O filhinho nunca foi admitido ao círculo íntimo do "comitê de investigação privada", mas brincava conosco.

Não havia nenhuma "menina desejável" na vizinhança com quem brincar, ou assim acreditavam meus pais. Eu estava de pleno acordo, pois as meninas sempre queriam brincar com bonecas, algo que eu considerava absolutamente inútil.

Diz-se que o amor de uma menina pelas bonecas é sinal do seu amor futuro pelos filhos ou pelas crianças em geral. Nunca consegui fazer com que uma boneca parecesse de verdade para mim. Uma machadinha que eu talhara cuidadosamente me parecia uma arma de verdade, mas o mesmo não acontecia com uma boneca. Mas eu amava cuidar e brincar com bebês de verdade. O único disponível na infância pertencia a um casal sueco que trabalhava para meu tio e morava em uma das casinhas da fazenda, bem distante da nossa. A mãe ficava muito contente em entregar o bebê aos meus cuidados sempre que eu aparecia. Ele desenvolveu-se bem, não por conta dos meus cuidados, receio dizer, mas apesar deles. Não que tenha abusado dele, mas meus braços não eram compridos nem capazes de se ajustar quando um menininho rechonchudo se agitava. Ele foi sempre chamado de "meu bebê".

Lembro que sempre chamava a mãe quando era necessário trocar sua roupa. Hoje esse fato me parece significativo. Embora tenha sido instruída sobre as diferenças anatômicas entre meninos e meninas, minha curiosidade não ia além disso, como iria se minha mente sofresse de alguma deformação sexual. Toda vez que meus pensamentos eram direcionados à ideia de masculinidade, meu único sentimento era o de mais revolta contra o fato de não ter nascido menino.

Você pode até pensar que quase toda a minha vida foi dedicada a assuntos relativos ao sexo. Quando casos de comportamento sexual precoce são trazidos para minha atenção, não preciso de muitas palavras para ir direto à causa fundamental e, em seguida, mudo de assunto. O conhecimento que obtive dessa forma foi bastante valioso para a vida que tenho levado.

Por toda a vida, houve alguma qualidade na minha composição que inspirou a confiança nos jovens e nos mais velhos. Sempre adotei uma atitude de interesse solidário. Quando surgiram problemas para os quais acreditei, considerando minha ampla experiência, que teria uma resposta, creio que ajudei muitos a se orientar na busca por uma solução.

Agora voltemos às "noites de música" e aos eventos subsequentes. As três famílias que mencionei da nossa vizinhança eram como uma única grande família, apesar de ocuparem três casas separadas. As crianças saíam e entravam de todas elas com a mesma liberdade, e vários potes de biscoitos ficavam abertos para todos.

Havia uma quarta casa que as crianças amavam visitar. O tio e a tia que moravam nela, idosos e sem filhos, eram surdos-mudos, então naquela casa ninguém fazia "shhhh" para nós.

O velho tio era sapateiro, trabalhando principalmente para nossas famílias, e consertar as biqueiras puídas e as solas gastas de três famílias de crianças cheias de vida ocupava muito do seu tempo. Eu o visitava bastante, sozinha, para assistir como ele esfregava o couro e o encerava. Às vezes ele me deixava ajudar, e naqueles dias acreditava fielmente que me tornar sapateira seria meu objetivo na vida. Eu gostava de trabalhar com as mãos. Não estou falando de bobagens sem sentido, como bordar ou lavar pratos, mas qualquer outra arte na qual se utiliza ferramentas de carpinteiro, ou implementos semelhantes, me levava ao auge da satisfação.

Um dia, enquanto remendava sapatos com meu tio, o sr. Wiggins entrou com um arreio para ser consertado. Quando se sentou, notei que o botão da frente de suas calças não estava preso, e informei-o disso tão rápida e inocentemente quanto teria dito a meu pai. Como não tinha permissão para "ajudar" naquele próximo conserto, logo comecei a procurar algo mais interessante para fazer, tendo esquecido o caso das calças.

Quando me dirigi para a porta, o sr. Wiggins me pediu para esperar por ele no galpão, pois queria me ver. Claro que fiz o que me mandou. Ele saiu e me levou para um canto escuro, então me disse para ficar quietinha, pois iria me mostrar algo bom. Então tirou a roupa. Eu fugi, mas ele me levantou em seus braços e me segurou com força. Implorei para me soltar, mas ele me ameaçou com uma surra horrível se não parasse e ficasse quieta. Não que esperasse que as pessoas surdas na casa fossem me ouvir se gritasse, mas minha casa não ficava longe. Ele me fez segurar aquele membro terrível, e então me beijou de um jeito repugnante. Passei tão mal e fiquei tão enjoada que ele teve que me soltar. Se contar a alguém, eu mato você, ele disse. Decerto, fiquei terrivelmente assustada e abalada. Para quem eu contaria? Na próxima noite de música, fingi mal-estar e fui para cama logo após o jantar.

Ouvir aquela voz grave e gloriosa era insuportável, então enterrei minha cabeça sob os lençóis para não escutar. Um dos meus deuses havia caído. Como sofri! Desde então nunca ouvi uma voz de baixo profundo sem lembrar dos acontecimentos que acabo de mencionar, e de outros que se seguiram. Minha preferência por aquele tipo de voz foi destruída.

CAPÍTULO IV

Após passar boa parte de uma longa vida tentando enterrar toda a infelicidade que vivi, trazê-la de volta à superfície é uma tarefa um tanto difícil.

Imagino que sempre tive ciência dos eventos em minha vida, mas não quero dar a impressão de que passei todo esse tempo remoendo. Para mim, ficaram no passado, e o presente me trouxe grandes felicidades, ainda que acompanhadas de novas tristezas. Nasci para ser feliz. A vida que tanta gente conheceu, amou, até admirou, me foi envolvente, e quase consegui esquecer a maioria das sombras que entraram nela e que, creio, entram na maioria das vidas.

Logo após a experiência no galpão do meu tio surdo-mudo, fui mandada à casa dos Wiggins com uma tarefa. Entrei sem bater, chamei como sempre fazia, e descobri que não havia ninguém em casa além do sr. Wiggins. Meu assunto era com a sra. Wiggins, então me virei para ir embora, mas ele me agarrou e me puxou para um corredor escuro. Debati-me, tentando fugir, mas ele me segurou, soltou minha roupa de baixo e fez alguma coisa que me machucou horrivelmente e me fez gritar de dor. Ele tapou minha boca com uma mão e me assustou com ameaças medonhas. Se eu contasse para alguém, meu pai o mataria, e então seria enforcado por causa disso. Aterrorizada, fiquei imóvel.

Eu me senti doente e triste o dia todo e por vários dias. Não brinquei. Quando fui para a cama, minha mãe foi comigo. Como eu queria contar o que acontecera!... mas estava apavorada.

Hoje sei que, apesar de eu ser ainda muito jovem, minha mãe devia estar pensando nisso e atenta à questão, pois eu havia ficado tristonha e quieta, sem a mesma vontade de brincar.

Para meu horror, descobri uma mancha de sangue na minha roupa de baixo e tentei escondê-la, achando que minha mãe saberia exatamente como aquela mancha tinha ido parar lá, e provavelmente imaginando assassinatos, batalhas e mortes súbitas. Seus olhos eram aguçados e ela me perguntou se eu havia me machucado com alguma coisa.

— Não — respondi, obviamente tremendo por dentro.

— Bem, não há por que se preocupar, é algo que acontece com todas as menininhas da sua idade.

Com isso, ela arrumou um pano para minhas roupas e me disse para chamá-la antes de me vestir de manhã.

Lembro claramente daquela noite de terror. O medo do dia seguinte! Quando ela disse que era "algo que acontece com todas as menininhas", achei, é claro, que ela sabia de onde o sangue viera, como eu sabia, e que o dia seguinte seria marcado por mortes sangrentas na minha vida ainda tão jovem.

Por que, por que fui nascer menina? Que maldição! Não é à toa que pensava assim. Veio a manhã e nada aconteceu. Fui informada que o sangue pararia e que deveria ficar um pouco mais quieta naquele dia, o que me deixou contente, pois ainda estava bastante dolorida e desconfortável. Fiquei aliviada, pois o que minha mãe dissera confirmava as palavras do sr. Wiggins, quando disse que não me machucaria de novo.

Que grande influência teve aquele evento no resto da minha vida como argumento a favor de esclarecer os jovens sobre as questões da vida e do sexo! Mas nunca antes ofereci esse motivo em prol daquela tese.

Alguém seria capaz de imaginar algo mais horrível do que formar a impressão que recebi da minha mãe, que era normal e comum que um homem qualquer rompesse aquele tecido delicado e deixasse uma menininha tão apavorada que não fosse capaz de gritar e se revoltar? Mais motivo, e ainda mais terrível, para eu me revoltar por ser menina! Foi a única informação que minha mãe me deu sobre a chegada da maturidade. Ao menos, não houve mais qualquer palavra dela que me causasse a mínima impressão.

Além das ameaças anteriores do sr. Wiggins, fui informada de que a sra. Wiggins provavelmente me mataria e que seria o fim das noites de música. Percebi, mesmo naquela idade, que não poderia tratá-lo da mesma maneira que lidara com o faz-tudo. Ele era um amigo íntimo da família. Eu não tinha idade para discutir com ele, tinha só que lhe obedecer, acreditando que esse era o castigo que devia pagar por ser uma menina. Mas por que aquele segredo horrível? Pergunto-me se tais argumentos eram justificáveis em uma criança. Estaria eu tentando me esconder por trás de um "álibi"? Sei que odiava aquilo tudo e creio que estou sendo sincera quando descrevo minhas reações na época, mas também sempre ouvi que menina nenhuma precisa ser levada pelo mau caminho. É o que acredito hoje em dia, mas com uma criança tão jovem, duvido que essa teoria seja válida. Com certeza não fui seduzida, fui forçada àquela situação.

Em suma, fui escrava daquele homem por vários anos. Quando ele me mandava ir a determinado lugar, tinha que ir e suportar suas vontades horríveis. Nunca fui de andar sozinha e aprendi a ser bastante sorrateira nas minhas manobras para escapar do resto da turma. Sabia que se me vissem indo embora, me seguiriam, achando que eu havia descoberto um ninho de pássaros ou alguma outra maravilha da natureza. Se um dia descobrissem a verdadeira razão das minhas fugas, o resultado seria a calamidade profetizada pelo sr. Wiggins. Aprendi muito bem as artes da estratégia e da intriga.

Esses encontros não eram muito frequentes, mas eu nunca saía para brincar sem medo de ver o sinal me mandando ir para a floresta.

Durante as primeiras sessões, ele parecia tomar bastante cuidado para não me machucar, usando o dedo para "deixar o lugarzinho grande", como dizia. Mas continuava doendo, e cada vez que encostava em mim, eu implorava para que não me chamasse mais. Mas lá vinham as ameaças, então eu achava que tinha de voltar. Contei o que minha mãe dissera quando vira o sangue nas minhas roupas — ele riu e disse que era uma bela piada. Não entendi, e o informei disso.

Por fim, ele completou o ato bestial que estava decidido a cometer. Ah, como eu desejei nunca ter dito que sua calça estava desabotoada, pois achava que essa havia sido a causa de todo aquele horror! Não sofri nenhuma dor grave e fiquei admirada com seu êxtase evidente. Seus beijos me deixavam nauseada, transbordando de nojo. A desgraça daquilo tudo, que eu sentia que devia ser errado, apesar do que minha mãe dissera, destruiu quase toda a alegria das brincadeiras que eu tanto amava.

Entretanto, não fiquei de todo abatida. Como todas as crianças, eu conseguia esquecer aquilo entre uma vez e outra. Não contei a história a ninguém. O sr. Wiggins faleceu muitos anos atrás. Percebi que, talvez, de alguma maneira nebulosa, esses encontros podem ter sido uma fonte de satisfação pessoal para mim, pois eu parecia ser o agente pelo qual ele obtinha tanta alegria. Mas nunca senti prazer físico. Tudo isso aconteceu antes que eu chegasse à maturidade.

Até então eu não havia ligado o ato à produção de bebês. Simplesmente imaginava, como minha mãe dissera, que "isso acontece com todas as menininhas"; seria meu papel de fêmea proporcionar alguns segundos de felicidade aparente para o macho, sob a pena de morte e de complicações sociais e familiares graves ou a perda das brincadeiras que amava.

Meu primeiro indício de que poderia haver uma relação com o advento dos bebês ocorreu em um dia de inverno do qual tenho uma lembrança claríssima, quando meu primo mais velho me levou para andar de trenó no rio congelado.

Foi um passeio maravilhoso. Acomodada no trenó sob vestes de pele de búfalo grandes e quentinhas, a vida parecia repleta de alegria. As árvores à margem do rio, com suas tapeçarias de neve, reluziam como milhões de diamantes, produzindo uma paisagem da qual nunca me esquecerei. Seguimos até quase a fonte do rio, onde decidimos dar a volta, pois o caminho estava ficando muito estreito.

O cavalo parou e fui convidada a interpretar meu papel de menina de novo! Profanar aquele lugar lindo parecia uma crueldade. Implorei que ele não fizesse aquelas coisas. Mas não! Se eu não obedecesse, ele voltaria para casa sem mim.

— Agora você tem um bebê — meu primo disse na volta (ele provavelmente tinha onze anos). — Você vai ter que prestar atenção, se ficar com vontade de cuspir o tempo todo, tem que me avisar. É o sinal de que você vai ter um bebê.

Pensei bastante e fiz várias perguntas, mas ele não parecia ter informações adicionais para me fornecer. Assim, fiquei imaginando se iria "cuspir" o bebê ou de onde ele sairia. Acho que a ideia me agradava. Sendo a mais jovem de nove filhos, sempre quisera ter outro bebê na família, alguém em quem pudesse mandar, pois a expectativa sempre foi de que eu obedeceria aos mais velhos. Fui alertada a não contar a ninguém sobre a possibilidade e me perguntei como explicaria a situação quando aparecesse com um bebê de repente e dissesse que era meu.

Na mesma época, a mulher sueca me mostrou um bebê que acabara de ter. Fiquei contente, pois o outro havia ficado grande demais para eu cuidar. Lembro da gritaria que provoquei quando cheguei em casa e observei casualmente:

— A Sophy cuspiu mais um bebê.

Fiquei aliviada por não me perguntarem como sabia tanto sobre bebês, pois percebi que não poderia contar a verdade. Após aquele passeio de trenó pelo rio, passei algum tempo com bastante vontade de cuspir, e fui até castigada por isso, pois não era algo que meninas boazinhas faziam, mas logo a questão foi esquecida.

Isso me lembra de algo que uma amiga me contou sobre seu filho de seis anos. Um dia, ele foi levado para casa pela mãe furiosa de uma amiguinha com quem estivera brincando. A mãe enfurecida disse para minha amiga que as duas crianças haviam sido descobertas no sulco de um campo recém-lavrado em uma posição comprometedora.

Depois que a outra mãe foi para casa, minha amiga sentiu que precisava repreender o filho.

— Você sabe que isso foi muito errado, não?

— Por quê? — o menino perguntou com o rosto cheio de medo. — Ela não vai ter um bebê, vai?

Foi a primeira constatação que minha amiga teve de que seu filhinho já ouvira falar daquele tema. Ela não puxou mais o assunto com o filho e considerou tudo uma grande piada. Escutei essa história quando estava na faculdade e minha sensação foi que ela não estava sendo justa com o filho ao não explicar a situação, mas na época, não tive coragem de falar.

Quando minha mãe me repreendeu por expectorar tanto, fiquei ansiosa para perguntar se ela fizera o mesmo quando me teve, mas aquela barreira estava sempre presente entre nós. Assunto proibido! Todas as manhãs, eu acordava achando que poderia ser aquele o dia de o bebê chegar. Depois de um tempo, cansei de tentar fazer tanto "cuspe" e meu primo parou com as perguntas.

Lembro que meu primo havia me informado que um ovo poderia ter sido guardado dentro de mim naquele dia gelado e que o bebê sairia daquele ovo, então fiquei imaginando se precisaria permanecer um tempão sentada chocando, igual a uma galinha, até o bebê nascer.

Como meu primo havia se tornado tão sabido, nunca descobri. Quando eu fazia perguntas, ele assumia um ar de superioridade e respondia: "ah, os meninos sempre sabem dessas coisas". Mais uma vez, lamentei a escolha infeliz do meu sexo quando minha mãe pôs seu último ovo.

CAPÍTULO V

Olhando para trás, percebo a escola da mentira que os pais de antigamente fundaram ao fazerem tanto mistério sobre as simples verdades da vida e distorcerem de maneira tão vergonhosa as mais belas ideias na mente infantil. Hoje a situação é muito diferente. Diz-se que muitas crianças são esclarecidas em relação a esses assuntos, mas estou convicta de que o conhecimento oferecido às crianças de hoje ainda é superficial demais. Os próprios pais não percebem as profundezas dos questionamentos na cabeça dos filhos.

Uma das minhas brincadeiras favoritas era acampar. Costumávamos ir até um grande pasto, não muito longe de casa, onde o mato era bastante denso, e montar nosso acampamento. Costumávamos brincar de caça selvagem em nossa imaginação e voltávamos para cozinhar, não importa o nome que déssemos, os diversos suprimentos que havíamos trazido para casa. As galinhas, como as crianças, andavam soltas pelas duas fazendas (lembre-se de que meu pai e meu tio eram artistas, e não estavam em sintonia com as convenções do agricultor moderno), e muitas vezes podíamos acrescentar um frango ao nosso cardápio. Provavelmente o chamávamos de perdiz ou de pato selvagem na panela e, com esse nome, ficávamos muito alegres.

Após o jantar, quando começava a escurecer, deitávamos ao redor da fogueira e conversávamos sobre as meninas que conhecíamos. Falávamos do ponto de vista dos meninos; não parecia ocorrer aos outros que eu era uma menina, exceto quando formavam o comitê de investigação, que é quando pensavam em mim como fêmea.

Eles sempre prestavam muita atenção no que eu achava dessa ou daquela menina. Não do ponto de vista sexual, mas sim em relação à aparência, à esperteza nos livros ou nas brincadeiras etc. A essa altura, havíamos ampliado nosso círculo de amizade, pois estávamos estudando nas séries avançadas na escola da vila, que ficava a três quilômetros de distância. Eu tinha o mesmo interesse que eles pelas meninas. Nunca me ocorreu falar sobre qualquer um dos meninos. Na minha mente, os meninos eram sempre avaliados em relação às suas habilidades no beisebol, na patinação, na dança e nos estudos.

Reunir-me para falar sobre os meninos nunca foi minha ideia de amizade com meninas. A maioria delas era assim. Quando encontrava uma que gostava das mesmas diversões ao ar livre que eu e que falava sobre si mesma, eu gostava da sua companhia. Eu parecia ansiosa para descobrir se havia outras meninas como eu: nas ideias, nos gostos e nos desgostos.

Gostaria de voltar um passo para recontar mais uma experiência e mostrar como eram as coisas mais de meio século atrás. Na escolinha pública da Nova Inglaterra perto da nossa casa, estava em andamento o famoso concurso de soletração. Como não havia espaço para que todos os alunos ficassem de pé de uma só vez, lado a lado, era necessário que ambos os lados formassem fila dupla e, como em qualquer recitação de pé, todos deviam ficar com as mãos atrás das costas. Um dos "grandes" estava bem atrás de mim e, de repente, senti algo se forçando contra minha mão que, infelizmente, reconheci. Coloquei as mãos na minha frente no mesmo instante e fui prontamente mandada para meu lugar. Foi um grande golpe para mim, pois normalmente eu era uma das que permanecia por mais tempo na competição, e pensar que não podia dizer ao professor por que colocara as mãos à frente era um golpe ainda maior. Como eu odiava aquele menino! E, infelizmente, como deixei todos verem meus sentimentos! Vê-lo ali de pé, com um ar tão inocente, enquanto eu tinha de pagar o preço da sua indecência, me deixou furiosa.

O que me impediu de denunciá-lo na mesma hora? Ninguém gostava dele, com exceção do professor. Ele teria se livrado de tudo com uma mentira e eu teria sido tachada de mentirosa e dedo-duro, nenhum dos quais eram traços da minha personalidade.

Que triste criatura deve ser uma prostituta profissional! Acho que algumas escolhem ser assim. Com certeza, minha educação e minha formação iniciais, dadas pelo tipo de homem com quem tive contato, poderiam ter me levado para esse destino, não fosse toda a minha natureza e meus instintos terem se revoltado violentamente contra qualquer contato com o macho. Foi assim que me mantive na "boa sociedade" durante toda a vida.

Quando ouço uma mãe-coruja dizer, como acontece bastante, "meus filhos me contam tudo!", sorrio com tristeza. Bem sei que são raros os meninos e meninas que se atrevem a compartilhar ações e pensamentos mais íntimos com os pais. Porque falam livremente sobre algumas coisas, o pai acha que eles nada escondem. A vergonha que seus antepassados inculcaram nas crianças ainda lança suas garras a cada geração subsequente.

Na minha opinião, a franqueza com a qual as meninas de hoje respondem às mães é bravata, não confiança. Por exemplo, uma conhecida minha que é mãe descobriu no estojo de maquiagem da filha um preservativo masculino e questionou-a em tons graves sobre o motivo de levar consigo uma coisa daquelas.

— Ora, agora nós, meninas, é que temos de arranjar essas coisas, ou os meninos não querem nada a ver com a gente — a filha respondeu naturalmente.

Resultado: a mãe ficou tão atordoada que simplesmente não soube o que responder, então a jovem seguiu em frente, provavelmente comemorando que o tal preservativo não fora confiscado pela mãe chocada, e que ela não seria obrigada a ficar chupando o dedo em casa à noite por causa da pecha de "desprotegida". Agora essa mãe se pergunta o que mais ainda pode haver, mas que não se atreve a perguntar por medo de ouvir a verdade e descobrir algo ainda pior.

Eu era considerada uma criança "bem-criada". Agora pense no que estava acontecendo bem debaixo dos olhos dos meus pais. Eles sabiam tão pouco cinquenta anos atrás quanto sabem os pais de hoje sobre os problemas sexuais que seus filhos têm de enfrentar.

Como minha infância teria sido diferente se tivesse tido coragem para contar a minha mãe toda a verdade sobre mim mesma. Não acredito que uma criança nasce com uma propensão à mentira. Por mais triste que possa parecer, creio que lição é ensinada desde bebê. Acho que se meus pais tivessem sabido toda a verdade sobre mim, nunca teriam me culpado, nem me punido. Mas o medo que me foi incutido com a primeira surra, quando não entendia o motivo daquilo, me fez temer desde então.

Por anos, imaginei que as experiências que tivera com meninos e homens no início da vida poderiam ter influenciado determinados traços de personalidade que me intrigaram por muitos anos, e dos quais falarei adiante. Hoje creio que minha natureza foi normal desde o início, e que a antipatia pelos homens como machos era inata.

Certa vez, uma menina me contou a história da sua vida e a da irmã quando eram jovens, e mesmo depois de amadurecerem, o que me convenceu mais do que nunca que eu não era do seu tipo. Essas duas meninas viveram no campo, com uma mãe criada na cidade grande, após o falecimento do pai. Eram ricas, e a mãe era considerada de altíssima classe pelo povo da cidadezinha.

Ela levou ideias da cidade grande para essa pequena comunidade. Suas meninas nunca podiam ir a festas ou piqueniques ou passearem sem um acompanhante. Desnecessário dizer, mas as meninas não desfrutavam de muita popularidade. Uma delas me contou que ela e a irmã tinham relações quase diárias com um velho irlandês que trabalhava na propriedade, apesar de ter uma casa e uma família grande por perto.

Elas pareciam muito emocionadas pela experiência, que se estendeu por vários anos. Eram da geração seguinte à minha, o que representa mais uma prova de que os problemas do sexo têm estado presentes em todas as crianças, desde o princípio. Essa vibração era algo que eu não conseguia entender, mesmo na idade dela quando me contou a história, embora provavelmente eu fosse muito mais jovem quando fui apresentada aos mistérios do sexo.

Vejo que estou deixando reflexões mais maduras se intrometerem de tempos em tempos, mas agora voltarei aos dias da minha infância.

Em nossa vizinhança havia uma "menina mais velha" que não era, por algum motivo desconhecido, considerada um membro desejável da sociedade. Eu não era proibida de vê-la, mas minha mãe sempre me incentivou no sentido contrário, o que obviamente estimulou meu desejo de vê-la sempre que podia.

Uma tarde, quando entrei, vi que estava bastante mal-humorada. Ela me disse que iria a um baile naquela noite e que a sua "época do mês" chegara naquela manhã. Fiquei perplexa, e perguntei o queria dizer com aquilo e que época era aquela, então ela me deu uma descrição bastante grosseira e desagradável da ocorrência mensal que eu, é claro, havia atribuído mentalmente às manipulações dolorosas de algum homem, e que, quando estas acabassem, jamais se repetiriam. Não dividi com ela essas ideias, naturalmente, mas fiz várias perguntas. Todo o meu ser se revoltava contra a ideia de que, sendo menina, estaria fadada a sofrer todas essas coisas terríveis, às vezes muito inconvenientes, como ela insistiu em frisar, dada a sua situação atual.

Contudo ela me explicou também como superar essa dificuldade e não deixar a ocorrência interferir com o baile. Ela iria até um riacho muito frio, alimentado por uma nascente das montanhas, e deixaria os pés na água por alguns instantes. A condição seria interrompida por um tempo, permitindo que interferências externas não provocassem desconforto, ainda que causassem um pouco de dor. Também mastigava cravo às dúzias, pois dizia que secariam seu sangue, o que era bom para essas coisas!

Sua linguagem não era delicada. Tudo isso era profundamente interessante, o suficiente para me fazer esquecer de voltar para casa a tempo, mas também me deixou ainda mais enojada da minha sina.

Voltei correndo para casa, e cheguei febril e agitada. Provavelmente também parecia muito culpada, primeiro por estar atrasada, segundo por causa das coisas sujas que havia escutado. Minha mãe me olhou irada, e tive visões de palmadas e de ser mandada para a cama mais cedo. As visões não estavam erradas, e ainda por cima fui totalmente proibida de ver aquela menina de novo. De certo modo, devo ter entendido que havia alguma justiça naquele castigo, pois sentia que ela me contara coisas horríveis. Na realidade, como foram injustos todos aqueles castigos! Minha pobre mãe não sabia, no entanto, e achava que estava cumprindo seu dever.

Não creio que tenha sido uma criança desobediente. Nunca fui castigada na escola, mas testemunhei muitas das sovas cruéis que eram toleradas na época. Levei minhas palmadas em casa, aceitas quase no mesmo espírito que as doses de "Elixir Pro"[3] e de "enxofre e melaço"[4] (argh, tenho náuseas só de pensar!) que às vezes tínhamos de tomar logo antes do café da manhã. Eu não sabia o porquê, era apenas um gosto desagradável, logo esquecido.

Em um aspecto, fico grata por ter recebido aqueles primeiros castigos, pois quando tive muitas crianças sob meus cuidados, fui capaz de disciplina-las de uma maneira muito melhor e mais eficaz.

Para mim, a travessura natural das crianças era como o borbulhar de uma fonte de água doce. Quem teria a ideia de despejar lixo e terra em cima de uma fonte natural? A meu ver, uma surra teria o mesmo efeito sobre a vitalidade de uma criança normal em crescimento.

---

3   Elixir proprietatis, *remédio fitoterápico que misturava cerveja ou destilados, aloe, açafrão e mirra.*

4   *Chamada de "tônico da primavera", a mistura tem efeito laxante.*

Em minha experiência, a criança é a mais razoável das criaturas. A conversa sobre quais ações não são desejáveis, com uma criança cujo cérebro não está entupido por teorias de todos os tipos, produz resultados rápidos e bastante satisfatórios.

A criança nasce com um ponto de interrogação gigante no cérebro. Creio que ele não estaria lá se não houvesse também massa cinzenta suficiente para compreender as respostas a essas perguntas, se ao menos os tolos dos seres humanos mais velhos tivessem desenvolvido seu cérebro o suficiente para lhes oferecer respostas simples e verdadeiras.

CAPÍTULO VI

O conhecimento que adquirira em razão dos acontecimentos terríveis descritos anteriormente me fez detestar tudo que houvesse de sexual em homens ou meninos. Enquanto amigos e companheiros nas brincadeiras, sempre os preferi. "Brincar" com as meninas me parecia muito fútil, quase degradante. Ser chamada de "Maria-moleque" nunca me incomodou; na verdade, acho que tinha orgulho desse epíteto.

Mas chegou a idade em que seria mais sensato da nossa parte ir para vila a fim de estudar as séries avançadas.

Foi quando tive a primeira sensação de que uma menina seria uma amiga desejável. "Nós, os meninos", havíamos conversado sobre determinadas meninas que tínhamos conhecido na escola dominical e que visitavam nossas casas de vez em quando, acompanhando os pais. Uma delas era a eleita de todos. Fui obrigada a participar de grupos de meninas, não de meninos, nas escolas maiores, pois não era costume que qualquer menina brincasse com os meninos, e eu não queria aparecer e me destacar nesse sentido. A principal ocupação das meninas era falar sobre os meninos, ter namorados e assim por diante.

Nunca na vida contei a qualquer uma delas sobre o conhecimento que adquirira, mas muitas dessas meninas tinham informações abundantes sobre os assuntos que eu tanto desprezava.

Eu não tinha namorado, nem achava que iria querer ter algum dia. Descobri que sentia uma forte atração por essa menina, que era também muito popular entre todos os meninos, incluindo meu primo mais velho. Minha abordagem para tentar chamar sua atenção e seu interesse foi tímida. Eu lhe dava presentinhos de doces e frutas, e acreditava que nutria por ela o sentimento a que chamam de amor.

Não avancei muito em minhas demonstrações de afeto. Quando lhe pedia um beijo de boa-noite, ela fazia troça de mim e dizia que era bobagem as meninas se beijarem. Ainda assim, ela me deixava estranhamente agitada. Eu queria beijá-la. Queria encostar em sua mão, escrever bilhetinhos para ela, mas suas zombarias finalmente acabaram com todas as demonstrações externas, e tive que desistir. Foi uma verdadeira "paixonite". Meu fascínio por ela durou ainda muitos anos, apesar de termos permanecido separadas a maior parte do tempo.

Depois que terminei o curso universitário e fui passar uma temporada em Boston, onde lecionei em uma escola extremamente seleta para garotas, em Beacon Hill, essa mesma menina estava estudando música com a amiga

— as melodias que tanto me atraíram em minha casa quando era jovem. O destino trouxera meu primeiro amor dos tempos de escola de volta para minha vida, pois morávamos juntas. A música era um charme adicional, mas ela ainda assim nunca aceitou nenhuma das minhas demonstrações de amor.

Isso lembra um incidente que demonstrará que a juventude sempre foi atenta ao que é proibido em matéria de sexo.

Um dos meus deveres era levar um grupo de meninas (cujos nomes aparecem com frequência nas colunas sociais da imprensa de Boston e que pertenciam às "primeiras famílias" da cidade) para uma caminhada em torno da Louisburg Square. Notei que elas queriam passar em frente a uma casa específica com frequência, e imploravam para ficar indo e voltando. O lugar parecia provocar um grande interesse secreto entre elas. Perguntei sobre a casa a uma das senhoritas diretoras da escola e ela ficou horrorizada. O local, ela me informou, era um dos lupanares mais infames da cidade.

Sem mais comentários, volto agora para os tempos da escola primária.

Eu era a melhor aluna da turma, pois tinha muita facilidade para aprender e dominar as tarefas que recebia, e era popular entre alunos e professores. Logo organizei um clube de beisebol para meninas e era capitã do time. Foi um fato inédito nos anais da escola. Jogar bola era considerada uma atividade imprópria para garotas — muito mais apropriado seria ficar sentada e conversar sobre coisas que considerava vulgares e degradantes.

Tínhamos um time completo, e muitas vezes ganhamos as partidas jogando contra os meninos.

Ainda hoje, com quase setenta anos, escuto a transmissão de jogos de beisebol com o mesmo entusiasmo, e jogo com a mesma energia que tinha tantos anos atrás.

Ambas as minhas irmãs mais velhas se casaram quando eu era muito jovem. Como filha mais nova da família, sempre fui a queridinha dos pretendentes antes e depois que elas se casaram. Eu era presenteada com doces e brinquedos pelo que veio da cidade e que era muito rico, e pelo outro, que morava na vila. Esse último me levava para longas caminhadas e passeios quando minha irmã estava ocupada.

Quando tinha cerca de doze anos, fiz minha primeira visita a minha irmã, que morava em Boston no inverno e no litoral durante o verão.

O marido dela, além de ser um empresário muito bem-sucedido, era um músico talentoso, bem como sua irmã. Ele tocava violino e cantava, enquanto ela se especializava no piano. Quando visitava nossa casa, muito antes de minha irmã se casar (pois nossas famílias eram amigas há muito tempo), eu passava horas sentada junto ao piano para ouvi-la tocar. Eu era tão pequena que meus pés não encostavam no chão quando me sentava na banqueta. Chopin era meu compositor favorito, embora não soubesse seu nome. Para indicar qual música queria que ela tocasse, o que fazia era cantarolar um pouquinho da melodia. Creio que isso era considerado extraordinário para minha idade. Eu gostava até mesmo de quando ela estudava as escalas, tão maravilhoso que era o modo como as executava.

As casa de minha irmã, na cidade e no litoral, foram sempre um centro musical e literário popular. Minha alegria durante essa primeira visita foi enorme. Meus grandes prazeres foram a natação e o remo, e minha amiga na época, que era a irmã mais nova de um dos amigos da minha irmã, tinha um lindo barco, ancorado em um cais privado quase em frente à casa da minha irmã. Era uma menina delicada e calada, e eu assumia o papel masculino em carinho e consideração por ela. Eu remava melhor que todo mundo, sem me cansar, e tudo parecia muito natural para nós duas. Comecei a sentir por ela o mesmo que sentia pela garota da escola que mencionei, mas esta retribuiu meu afeto. Durante o dia, estávamos juntas constantemente. Ninguém parecia ver nada de estranho nessa amizade profunda, e até esperavam nos ver sempre juntas. Eu gostava de beijá-la, e ela estava sempre muito disposta a me beijar de volta. Nossas despedidas ao final de um dia juntas eram demoradas. Minha única sensação era um frisson no fundo do peito. Sentia meu coração batendo mais rápido, mas não desejava nada mais do que aquela doce resposta ao meu amor.

Passamos muitas noites juntas, sempre em um abraço amoroso, repetindo todas as pequenas juras de amor, e dormimos nos braços uma da outra, perfeitamente felizes. Na verdade, a sensação me parecia tão perfeita que sequer sonhava que o contato físico poderia envolver felicidade maior do que aquela.

Um dia, quando estava me preparando para o mergulho de costume, fiquei consternada em notar os sinais daquela coisa que a menina desagradável me contara. Lembrei também, no entanto, o que ela me explicara sobre colocar os pés na água fria, então fui nadar. A água fria parecia que não adiantava e tive que enfrentar o dilema de como esconder a situação da minha irmã, com quem nunca sequer havia tocado nesses assuntos.

Minha sensação era que seria desonrada pela vida toda se alguém descobrisse aquela desgraça terrível. O banho frio produzia apenas dores muito fortes e, antes do amanhecer, fui obrigada a informar minha irmã sobre o problema. Para minha surpresa, ela me deu uma bronca enorme e me disse que era travessura entrar na água naqueles dias, e que nunca deveria fazer aquilo de novo. Ela provavelmente fez algo para me aliviar a dor, mas a bronca injusta dominou meus pensamentos. Por que ela não podia ter sido razoável e ter me explicado as coisas? É claro que não contei a ela qual era minha única fonte de informação sobre o assunto, e infelizmente também não podia dizer que minha mãe havia me contado sobre essas coisas, pois não contara.

Como me contorci de dor, e mais ainda de revolta, por estar condenada a suportar aquela fraqueza degradante pelo resto da vida! Daquele momento em diante, sofri intensamente a cada menstruação.

Depois daquele verão maravilhoso com minha irmã e a doce menina por quem estava, acreditava eu, profundamente apaixonada, formaram-se novos planos para quando as aulas recomeçassem.

Percebi mais tarde que, como havia chegado à maturidade, concluíram que não seria sensato que eu fosse para a escola e voltasse a pé sozinha. Arranjaram para que, durante a semana, dormisse na casa de uma amiga íntima da minha mãe; eu voltaria para casa na noite de sexta e retornaria para a escola na segunda de manhã.

Agora que estava absorta nas cartas frequentes da minha amiguinha, desisti de tentar avançar mais com a menina da escola, apesar de nunca perder meu carinho por ela.

No inverno, havia a patinação, que eu amava; e a dança, que era uma novidade para mim (isto é, as danças de roda que estavam começando a se popularizar).

Naquele inverno, havia uma escola de dança na vila e todos os meus amigos se matricularam. A senhora com quem estava hospedada queria que eu também fosse, pois seu filho, que era da minha idade, frequentaria as aulas. Por alguma razão desconhecida, no entanto, minha mãe não concordava, o que encerrou o assunto, para a minha tristeza.

Ainda assim, quase sem ajuda das meninas durante o recreio na escola, eu sabia dançar tão bem quanto todas elas, e conduzia muito melhor. O papel era mais natural para mim, o que adicionou uma nova alegria a minha vida. A combinação da música, por pior que fosse, com o ritmo da dança acertou em cheio meu coração. Sempre amei dançar!

Mesmo hoje, apesar de meus pés há muito terem deixado de atuar na pista de dança, nunca escuto uma linda valsa sem reviver as muitas emoções de tantos anos atrás, quando tinha a parceira certa. Quando dançava, eu simplesmente flutuava.

Aquela menina inflexível da escola relaxava um pouco quando dançávamos juntas, pois ela me considerava sua melhor dupla entre as meninas. Mas o namoro nunca foi além de um abraço mais apertado ou de segurar sua mão.

Agora minha vida tinha alegria de verdade. O contato com os primos e o meu irmão, interrompido durante o tempo que morei na vila, nunca mais foi retomado, e era fácil fugir do horrível sr. Wiggins nas breves visitas semanais.

Passei o verão seguinte com minha irmã no litoral, para meu grande prazer. Meu carinho pela "amiguinha de verão" continuava tão forte quanto antes, e ela ficou igualmente feliz em me ver de volta. A vida ganhou uma nova emoção naquele verão. Eu nunca havia participado de um verdadeiro baile da alta sociedade. As danças da vila nunca mereciam a honra de serem chamadas de "bailes". Estava chegando o grande Baile de Caridade no litoral, o principal evento social do verão. Quando minha participação foi discutida, fui submetida a um teste para demonstrar a capacidade de dançar. Determinou-se que eu não estava à altura das últimas valsas e polcas da alta sociedade, então meu cunhado, que era um dançarino perfeito, me adotou como aluna, e logo fui declarada uma "pé de valsa". Minha irmã mandou fazer um vestidinho lindo para mim. Com o traje completo e os pés loucos de vontade, nada poderia ser mais perfeito! A única mosca na sopa era que não poderia dançar com minha doce menina! A música excelente e os dançarinos maravilhosos que foram meus parceiros, estes nunca vou esquecer.

Foi também a primeira festa de verdade da minha menina e, por consequência, tivemos mais do que o suficiente para ocupar o tempo e a mente. Assim, ficamos contentes com nossas conversinhas e com o ato de comparar opiniões sobre nossos diversos parceiros, além de palavras de amor uma pela outra cochichadas aqui e ali. Sei que dancei bem. Não perdi nenhuma dança, e tive que recusar várias, porque recebia mais convites do que conseguiria atender. Eu estava cheia de vida e energia, corada, provavelmente não era considerada pouco atraente, embora tivesse irmãos e irmãs demais para ter uma opinião muito elevada sobre a própria aparência na época, pois raramente se recebe elogios dos pais. Os galanteios que escutava durante as danças não eram nada para mim e não despertavam nenhum interesse.

Um homem não me atraía em nada, mesmo na dança. A única impressão que me provocava e a única emoção que sentia vinha da maneira como dançava. Se nossos passos estavam em harmonia, eu parecia ascender ao paraíso do ritmo, e quando a dança acabava, todos os afagos e arrulhos se dissipavam.

Meu cunhado era, de longe, o melhor dançarino no salão. Era o veredito geral, não apenas minha opinião. Ele dançava bastante comigo, pois minha irmã não gostava muito de dançar e ficava contente que eu fosse sua dupla. Ele parecia acreditar que eu havia sido uma excelente aluna, e tinha muito orgulho do seu sucesso como professor. Enquanto isso, me dizia as bobagens de sempre, para as quais eu sorria e dava de ombros... ainda que, mais adiante na minha história, este assunto trará uma revelação.

CAPÍTULO VII

No ano seguinte, meu pai foi obrigado a morar longe para ensinar música, então minha mãe alugou parte de uma casa grande na vila para si, meu irmão mais novo e eu, que era quem havia sobrado em casa. Na outra parte da casa morava uma senhora idosa e seu irmão, muito respeitados na cidade, onde sempre residiam. Fui ensinada a ser gentil com todos e creio que sempre tive prazer em ser assim.

Todos gostavam da minha mãe, ricos ou pobres, jovens ou velhos, e ela estava sempre preparada em momentos de necessidade. Parecia que as pessoas, muitas vezes, dependiam dela.

Encontrava os dois nas escadarias da casa, e obviamente sorria e conversava um pouco, assim como fazia quando era mandada até seus quartos em alguma missão. Eles me convidavam para aparecer qualquer noite a fim de jogar cartas com o senhor, que me ensinaria um novo jogo chamado "piquete", o que me interessava, pois gostava de todos os jogos de cartas. Minha mãe me incentivou a ir após terminar as lições, pois iria "animar" os velhinhos. Eu estava disposta e gostei muito do jogo, que não era muito conhecido pelos jovens naquela época.

Depois de um tempo, comecei a perceber que estava batendo demais no pé do senhor. Sempre puxava o meu de volta e pedia desculpas, imaginando, no princípio, que era minha culpa.

Um dia depois, estava sozinha em casa e, ao descer as escadas, esbarrei no senhor. Antes que desse por mim, ele estava com a mão por baixo do meu vestido; quando tentei saltar para trás, tropecei na escada e caí sentada. Ele estendeu a mão, como se estivesse se preparando para tomar mais liberdades, quando ergui o pé e dei um empurrão que o deixou estatelado. Com isso, me levantei e ralhei com ele, enfurecida, sem medir palavras. Deixei-o apavorado, pois sabia que minha mãe estava fora e não me escutaria. Ele prometeu que, se eu não contasse, aquilo nunca se repetiria. Contar à minha mãe! Mal sabia ele que isso eu nunca me atreveria a fazer, pois teria esperado um castigo tão injusto quanto aquele que nunca esquecera e que tivera efeitos tão nocivos.

Minhas visitas a eles se tornaram menos frequentes, pois inventava alguma desculpa para não ir. Minha mãe insistia, no entanto, que fosse de vez em quando, dizendo que era muito egoísmo meu não tentar trazer um pouco de luz à vida dos velhos. Se soubesse por que eu não queria ir, ela teria levado muito mais do que sol à vida daquele velho bruto. Isso demonstra que, na minha experiência até então, o desejo sexual estava presente nos homens quase senis assim como nos muito jovens.

Como morávamos na vila, agora eu participaria mesmo da vida social dos jovens. Quando falo do sucesso na escola, da popularidade ou da habilidade em todos os jogos ao ar livre, não quero dar a impressão de estar me gabando. Na verdade, estou ansiosa para chamar atenção para as duas personalidades distintas na minha natureza. Passei toda a vida tentando decidir qual seria meu verdadeiro eu. Enquanto escrevo estas palavras, pensando na vida perto de um ponto final, por assim dizer, percebo que estou convicta que ambos os aspectos eram muito reais e perfeitamente normais.

Mais uma vez, não pretendo dar a impressão de que estava sempre "interpretando um papel". Meu instinto materno sempre foi altamente desenvolvido e, quando estava em uma atmosfera de feminilidade, se esta não fosse maldosa demais, eu era tão sincera quanto qualquer outra mulher. Por outro lado, quando me relacionava com homens, minha masculinidade era perfeitamente natural.

Em todos os empreendimentos e negócios dos quais participei, trabalhei com sinceridade e cumpri meus deveres com sucesso. Mais tarde, falarei sobre meu papel de esposa, pois nisso falhei. É claro que, nesse caso, estou falando da vida adulta. Quando era criança, sendo submetida a tais testes, naturalmente eu "não era o que parecia". Que criança é boa se é forçada a "ser boa" pelos métodos comumente empregados pelos pais?

Se meu grande sucesso nas peças de teatro amador nos tempos de escola e da faculdade se deveu ao talento natural, ou se minha duplicidade precoce exerceu alguma influência, nunca pude decidir, mas todos os personagens que interpretei sempre foram muito reais para mim, e creio que consegui transmitir isso para o público. Posso dizer que sempre fiquei mais à vontade nos papéis masculinos. Já me disseram que sempre tive o que chamam de "personalidade". As pessoas me achavam mais inteligente do que sou de fato. Toda a vida gostei de ser diferente na aparência ou nas roupas. Nunca me importei com "moda", pois preferia ficar totalmente à vontade e me esquecer de mim mesma.

Quando me perguntam se sou uma profissional liberal, uma cientista ou uma artista, me sinto apequenada. Infelizmente, nunca me formei em nada, só na vida.

Se tivesse compreendido minha natureza no início da vida, como deveria ter acontecido, creio que poderia ter me destacado em quase tudo o que me interessava. Eu deveria ter sido pintora. Era a forma de expressão que me atraía, além de ser um dom hereditário. Mas eu não tinha paciência e dedicação para adquirir os fundamentos técnicos necessários e me desenvolver. Eu pintava naturalmente e obtinha efeitos de qualidade. Levava minhas tintas comigo, e quando batia a inspiração, usava-as de todo o meu coração.

Lembro que em um verão, quando estava em casa durante as férias da faculdade, decidiu-se que um painel acima da lareira na sala de jantar precisava ser pintado, pois a fumaça o havia descolorido. Anunciei que eu mesma o pintaria. Fui para o campo, colhi várias flores de todos os tipos da estação e levei-as para casa. Depois, peguei minhas tintas e logo formei uma paleta com todas as cores do meu buquê. Fui pintando-as no painel bem tal como eram, cada flor do jeito que crescia no campo, com todas as suas características naturais, ordenadas para que as cores não entrassem em conflito. O resultado foi, de fato, uma bela harmonia. Não levei mais de duas horas na pintura, mas quando meu pai entrou para fumar sentado em sua poltrona ao lado da lareira, ficou simplesmente admirado. Ele me beijou e me abraçou, e disse que se precisasse se mudar, sob hipótese alguma o painel seria deixado para trás. Pobre pai! Ele foi o primeiro a partir; então o lar se desfez. Nunca soube o que aconteceu com o ramo de flores silvestres.

Como disse, na juventude, ainda não havia me encontrado, e nos anos posteriores acreditava que não tinha tempo, pois precisava me sustentar e era muito ocupada, uma desculpa comum entre aqueles que não têm força de vontade suficiente para vencer os obstáculos.

Agora preciso voltar aos tempos de colégio. Naquele momento, tinha bons amigos entre os meninos, e para meu grande prazer não enfrentava problemas sexuais. Eu não tinha necessidade de afirmação, pois dançava bem, estava entre os melhores patinadores e era alegre, ou assim se dizia.

Chegou o momento em que meninos e meninas formavam pares de namorados. Então comecei a me preocupar. Eu gostava de todos os meninos como amigos, mas nenhum jamais provocava em mim os arrepios que as meninas me davam.

Eu ainda tinha minha doce menina à beira-mar e, quando pensava em amor, ela me bastava. Trocávamos cartas com frequência, e isto era tudo que eu queria — apenas saber que ela me amava como eu a amava. Mas o que faltava em minha composição era a capacidade de me apaixonar por um rapaz, como as outras meninas faziam.

Quando me "acompanhavam até em casa", muitos me abordavam cheios de ardor e queriam me dar beijos de boa-noite, mas eu fugia e não tolerava coisas do tipo.

Havia um menino na escola que eu admirava muito. Ele estava em uma série depois da minha e, quando ia ao quadro-negro e desenhava um diagrama maravilhoso, com letra bonita em cada ponto e cada ângulo, pegava o ponteiro e dizia a palavra mágica: "teorema". Eu ficava hipnotizada. Escutava cada palavra que ele recitava, sem entender bulhufas do que estava falando, mas percebendo que ele entendia tudo. Seus "considere-se", "contudo" e "portanto" me eletrizavam. Imaginava que ele era um protótipo — o que, até onde sabia naquela época, podia muito bem ser uma figura geométrica.

Como disse, estava ficando cada vez mais preocupada por não me apaixonar, e as meninas estavam começando a me achar esquisita, pois não tinha segredos para trocar com elas. Um dia, no almoço, eu queria uma faca, então acenei para o "protótipo", cujo assento ficava próximo ao meu, e pedi a dele. Quando me entregou, enxerguei um pedacinho de papel envolvendo a lâmina. Abri o papelzinho e encontrei as palavras "Amo te" ali, escritas com capricho (a propósito, ele tinha, de longe, a melhor caligrafia da escola, e creio que sua letra ajudou no efeito do que a mensagem pretendia transmitir).

Aqui entra o "feminino". Quando devolvi a faca, escrevi um bilhete perguntando o que aquelas palavras queriam dizer. Ainda não havia começado a estudar latim, ao contrário dele, de modo que aquela foi minha primeira prova. É claro que ele encontrou uma ocasião no futuro próximo para me explicar o significado daquelas palavras, e eu o aceitei como meu namorado e tentei me sentir "apaixonada". Isso eu sabia o que era, pelo que sentia por minha "doce menina".

Todo mundo na escola parecia mais emocionado com nosso "namoro" do que eu. Ele era considerado o melhor "partido" da escola, mas eu fui a única que ele havia abordado. Talvez porque eu também fui a única que não tentou conquistá-lo. Quase sempre "empatávamos" na liderança da escola em notas e comportamento. E assim foi. Da minha parte, o namoro não tinha grandes emoções e nunca achei que ele exagerava nas carícias. Andávamos juntos e trocávamos beijos de "oi" e de "tchau", então não achava assim tão ruim.

Quando voltei do verão maravilhoso com minha irmã, após passar alguns meses "em sociedade" de fato, fiquei na crista da onda da popularidade. Em nossa cidadezinha do interior, havia o pessoal que morava na "Rua Principal" e também meninos que vinham das cidades maiores para participar das festas. Em geral, esses meninos de fora eram muito procurados pelas meninas. Naquele inverno, quando os visitantes descobriram que eu conhecia as últimas danças, fui alvo de mais atenção do que o normal. Infelizmente, meu "namorado" não dançava, pois mancava. Contudo ele me levava para os bailes, e às vezes ficávamos só sentados juntos. Era muito difícil, pois os outros meninos me imploravam para dançar, e ele insistia que eu fosse com eles, mas eu o havia aceito como meu futuro marido (aos quatorze anos!), e embora a notícia não tivesse sido anunciada, estava decidida a ser fiel e dedicada.

CAPÍTULO VIII

Bem no meio desse meu namoro solene, quando achava que estava fazendo a única coisa que uma garota deve fazer, ou seja, ter um namorado, foi quando senti o primeiro impulso de desejo sexual.

Um dos meninos mais velhos da cidade, que havia passado uma temporada fora, e que eu mal conhecia, embora já tivesse ouvido as meninas se desfazerem em elogios sobre ele, voltou para casa para uma visita. Diziam que toda menina e mulher da cidade havia, em algum momento, sido apaixonada por ele. Ele era bonito, cantava divinamente, dançava, patinava, e fazia tudo isso com perfeição. Seus olhos eram cativantes. Ele fazia aulas de canto com meu pai, e eu costumava amar escutá-los durante essas lições.

Eu era uma das meninas mais novas, e ele não me dera nenhuma atenção além de algumas danças ocasionais ou como parceira de patinação, mas me cumprimentou pela habilidade em ambas as atividades. Nessa época, a propósito, ele era afeiçoado à menina que tanto me atraíra na escola.

Certa noite, quando estávamos em alguma festa, me peguei observando-o atentamente, e várias vezes seus olhos malandros pareciam me dizer coisas que mal conseguia compreender. Meu namorado não estava presente e, quando chegou a hora de ir embora, para minha surpresa e a de todos os presentes, meu novo admirador pediu para me "acompanhar até em casa". Fiquei muito contente, e acho que, de alguma maneira, ele deve ter ficado com a impressão de que eu estava atraída por ele naquela noite.

Quando ele sugeriu uma caminhada mais longa do que o normal, fiquei emocionada, e notei que ele havia me deixado completamente hipnotizada, pois não evitei nenhum dos seus carinhos. Não apenas estava sentindo uma grande emoção, eu queria tudo, e até mais do que ele me deu.

Chegou aquele momento emocionante da vida de toda menina, quando nada debaixo dos céus seria capaz de conter seu impulso por alívio sexual, a menos que lhe fosse ensinado que ele viria e como se proteger de entregá-lo de graça. Não fiquei satisfeita; poucas mulheres ficam. Fui deixada desamparada, em um estado de desejo louco, e levada displicentemente para casa para sofrer as consequências. Eu estava muito atrasada e minha mãe havia pedido ao meu pai que saísse para me procurar. Alguém havia nos avistado caminhando por certa rua, ponto de encontro conhecido para os amantes, como depois descobri. Papai nos encontrou no caminho de volta, o jovem foi prontamente dispensado e fui levada para casa pelo meu pai!

Percebi mais tarde, devido ao meu estado de excitação, que devia ser evidente, e à reputação do jovem, que meus pais devem ter sabido do que havia acontecido. Sendo demasiado velha para palmadas, fui mandada para cama, com a instrução de jamais falar, quanto mais dançar ou patinar, com aquele jovem novamente. As aulas de música também acabaram, e eu ficava ansiosa para contar aos meus pais que o caso fora todo minha culpa (acho que na, maioria das vezes, aquelas que são "levadas pelo mau caminho" sabem muito bem aonde estão indo). Mais uma vez, entretanto, não ousei, pois sabia que não conseguiríamos nos entender e que, caso contasse que aquela havia sido a única vez na vida que senti aquele impulso, eles não acreditariam em mim. E eu não queria que eles acreditassem que era da minha natureza fazer esse tipo de coisa.

Foi o fim da amizade com aquele jovem, que passou a me tratar com puro desprezo. Felizmente para mim, aquela loucura nunca voltou, nem por ele, nem por ninguém — exceto uma vez, muito, muito tempo depois. Voltarei a esse assunto mais tarde.

Hoje tenho muito respeito por ele, pois percebo agora o quanto teve de tomar cuidado para não correr o risco de me engravidar, pois eu estava no clima certo para possibilitar a concepção. Mas ele sabia bem sobre essas questões. É estranho que tão poucas meninas "se encrencavam" naquela época, como acontece com tantas hoje em dia. Tenho certeza de que todos teriam sabido, pois muito de vez em quando esses casos ocorriam de fato, e sei que as relações eram tão comuns naqueles tempos quanto são hoje.

Lembro de uma ocorrência na cidade vizinha à qual escrevo este livro. Na escola secundária havia uma menina, oriunda de uma das melhores famílias, que se formaria em alguns meses. Ela tinha um pretendente e o pai não aprovava. Pouco tempo atrás, descobriu-se que estava grávida de três meses. Seu pai ficou abalado e imediatamente procurou o jovem empresário responsável e fez com que fosse preso e julgado perante todas as pessoas que conheciam tanto ele quanto a menina. Todos os detalhes do seu longo relacionamento vieram à tona. Imagine o efeito que isso teve na pobre garota!

O pai exigiu que se casassem imediatamente— um final que ambos desejavam há muito tempo, mas que fora frustrado pelas objeções do pai, que agora estava irado. O triste engano foi percebido tarde demais pelo pai. A reputação da única filha ficara arruinada entre o povo da cidade, e o jovem casal teve que se mudar para um lugar distante a fim de recomeçar a vida, marcados pelo estigma imposto por um pai "cioso". Também não sobrou muito respeito para esse homem. Criou-se tamanho sentimento de repulsa pela maneira como ele lidara com o caso que se falou até em humilhá-lo em praça pública. Enquanto escrevo estas palavras, esse sentimento ainda não se esmoreceu, mas o povo da cidadezinha não ousa tomar qualquer medida para que o homem receba o que merece.

De volta a minha história, no inverno seguinte, me apaixonei desesperadamente por uma das minhas professoras. Foi como uma onda que desabou sobre mim um dia, quando estava de pé junto à mesa dela. A professora estava com um braço ao meu redor e, enquanto explicava algum problema no papel em sua mesa, notei as finas veias que corriam pelas articulações dos seus dedos e enxerguei sua pulsação. Na época, não entendia que ela provavelmente sentia uma atração sexual por mim e que eu estava captando o impulso através do estranho canal das veias dos seus dedos. Ela me fascinava. Eu era sempre convocada para sua sala de leitura e, tendo terminado a lição para a qual havia sido chamada, ela me acariciava e me abraçava apertado. Eu ficava eletrizada, e me demorava no abraço, me deleitando com seus beijos.

A irmã do meu cunhado, que mencionei ser uma pianista maravilhosa, me afetou da mesma maneira e também ficou atraída por mim. Ela me convidava para dormir com ela, e me beijava e me abraçava a noite toda. Sempre fui feliz lá.

Sei agora que essa pobre mulher, um gênio musical magnífico, que posteriormente foi internada em um sanatório, foi vítima de inanição sexual. Ela nunca se casou nem teve casos com homens, pois não era fisicamente atraente. Mas sua música deixava evidente a intensidade da sua natureza e, sem uma válvula de escape para essas emoções, sua vida foi destruída. Minhas emoções nunca alcançaram os órgãos sexuais ou reprodutivos, pelos quais sempre senti maior desprezo, acreditando que existiam apenas para irritar as meninas e interferir periodicamente em seus prazeres. Um dia, encontrei um livro médico escondido no armário de minha mãe, e com ele aprendi tudo sobre os métodos de se produzir bebês, o que finalmente esclareceu um pouco o assunto para mim. Havia imagens dos órgãos masculinos e dos femininos, e tudo me deixou enojada. Achei que era um livro muito asqueroso para estar entre os pertences da minha mãe, então me perguntei por que fora castigada com tanta violência quando se fazia qualquer referência a esses órgãos e se questionava sobre esse conhecimento, já que minha mãe tinha aquele livro escondido no armário. Ela também deveria ter vergonha dele para guardar tanto segredo.

Que belo treinamento para uma jovem saudável receber na adolescência!

Durante o inverno seguinte, na cidade, minha irmã ficou muito doente. Seu bebezinho me adorava, e ela achou que ajudaria muito a reconfortá-lo se eu pudesse estar com ele, pois o pequenino não estava contente com a babá e tinha saudade da mãe, que estava doente demais para ficar com ele. Assim, fui tirada da escola e mandada para Boston, sua casa na cidade, onde nunca a visitara antes.

O marido havia sido sempre muito gentil com toda a nossa família. Ele tinha bastante dinheiro, e por diversas vezes nos socorrera nos momentos difíceis. Ele e minha irmã me ajudaram muito nas visitas de verão que mencionei. Eu gostava muito dele, naturalmente, pois fora seu xodó desde menininha.

Ele me parecia ardoroso demais quando dançávamos, mas como todos os homens eram iguais para mim, e por acreditar que a emoção da dança explicava aquilo, não dava importância. Fisicamente, nunca me senti atraída por ele. Quando dançava com minha "doce menina", eu ficava extremamente excitada, e mal podia conter meu impulso de beijá-la. Quando essas sensações ocorriam, era o auge da minha felicidade.

Aquela visita foi muito diferente das anteriores, no verão, em termos de festividades. Ela estava muito doente e tinha enfermeiras treinadas ao seu redor. Eu ficava com seu filhinho enquanto ele estava acordado, acompanhando-o junto com a babá ao parque e brincando com ele, como gostava de fazer, e ele ficava muito feliz comigo.

Meu quarto era no térreo, enquanto o resto da família ficava no andar de cima, e os criados, no terceiro. Uma noite, como meu cunhado saíra, fui para cama mais cedo. Fui acordada quando ele entrou no quarto e se pôs junto a minha cama. Ele me disse para ficar quieta, pois minha irmã acabara de pegar no sono. Ele se sentou na cama e falou, ou melhor, sussurrou, sobre como estava solitário e preocupado. Obviamente, me solidarizei e tentei animá-lo. Logo senti sua cabeça na cama, como se estivesse chorando, e de repente ele puxou as cobertas e começou a beijar meus joelhos. Implorei que parasse e tentei me cobrir de volta. Ele me avisou de novo para não fazer barulho, pois minha irmã morreria se soubesse que ele estava lá. Eu já era grande o suficiente para saber que esse seria o mesmo resultado se, no momento crítico da doença, ela descobrisse que ele estava comigo, então fiquei paralisada enquanto seus beijos foram se tornando mais intensos.

A sensação era tão profunda que devo ter perdido completamente a cabeça, pois não tentei rechaçar em nada suas carícias. Quando ele foi embora, fui tomada por um sentimento de asco e horror sem comparação. Como o odiei por tirar uma vantagem tão injusta de mim e pela absoluta falta de fidelidade à pobre esposa doente. Quando pude conversar com ele no dia seguinte, condenei violentamente o tratamento que me dera e jurei que, se tentasse tal coisa novamente, iria direto para casa e contaria tudo a minha mãe.

Ele me respondeu com os velhos argumentos que, infelizmente, conhecia muito bem. Falou da vergonha que recairia sobre ambas as famílias, da provável morte da minha irmã naquele momento crítico. Se não isso, e se ela acreditasse em mim, o que era duvidoso, ele diria que era tudo mentira minha e... Ah, parecia tudo tão confuso! Como desejei que ele morresse! Se tivesse me atrevido, teria dado fim a mim mesma, mas eu amava a vida, e a ideia de perdê-la produzia terror em minha alma. Assim, cedi e prometi não fazer escândalo.

Terminei meu último ano na escola secundária naquele mesmo ano. Meu namorado se formou e "partiu para o oeste" no verão anterior. Antes de ir, achamos que seria sensato revelar aos nossos pais o desejo de noivarmos. Eu estava sendo sincera quando contei a minha mãe sobre nosso amor. Para minha surpresa, ela ficou muito calma e aparentemente foi solidária, e levou a coisa toda a sério. Pela primeira vez, não fui castigada, como temia que poderia acontecer, pois havia chegado ao ponto de perder todas as esperanças de ser compreendida por alguém que, na minha opinião, deveria sempre ver as coisas do meu ponto de vista.

Ela disse que talvez fosse melhor esperar pelo menos um ano, pois eu tinha apenas quinze anos; depois, se nossos sentimentos não tivessem mudado, poderíamos conversar sobre o assunto. Escreveríamos uma carta a cada duas semanas, e minha mãe me aconselhou que o conteúdo deveria ser tal que todo os nossos colegas de escola pudessem lê-las, pois naturalmente se interessariam por notícias do rapaz. Isso pareceu razoável. Posso afirmar que foram pequenas cartas pessoais, sempre escritas em tinta vermelha, o que me emocionava por simbolizar o "sangue do coração". E foi isso. As cartas continuaram por dois anos, e tive a satisfação de me sentir uma menina de verdade, pois tinha um namorado! Mas nunca fui apaixonada por ele como fui pela minha "doce menina".

A grande questão familiar agora era o futuro da minha educação. Parecia ser consenso que, como sempre fora uma das melhores alunas da turma, meu cérebro seria digno de mais desenvolvimento. Meu pai não tinha recursos para me mandar para a faculdade, então meus dois cunhados se ofereceram para me dar um curso universitário. Minha decisão seria onde estudar.

O que morava em Boston defendeu as instituições de Massachusetts, como um bom bostoniano, mas decidi que a "matrícula" que eu teria que "pagar" por estar próxima àquele ramo da família, seria alta demais. Assim, para o horror dos meus amigos e parentes em Boston, escolhi a universidade no meio-oeste, onde o outro cunhado lecionava. A irmã cujo marido trabalhava no oeste era muito mais velha do que eu, a quem eu muito amava. Seu marido era velho o suficiente para ser meu pai, e eu o conhecia desde pequena.

Eles se casaram quando eu era muito jovem, e sempre fui o grande xodó de ambos. Na verdade, Peter (como o chamarei) sempre me chamou de "Bebê".

Sou a última que restou de toda aquela grande família, e é com a convicção de que ninguém será magoado por essas revelações que faço um registro público das minhas experiências.

Minha irmã mais velha não tinha filhos, o que influenciou a minha decisão de ir para o oeste. Repito que não tinha nenhum amor pelas meninas como amigas, e a ideia de uma faculdade feminina não me atraía. É claro que não me atrevi a explicar o verdadeiro motivo para essa decisão.

Foi decretado que eu teria mais um verão "alegre" com minha irmã no litoral antes de mergulhar nos quatro anos de trabalho árduo no "oeste selvagem". Tentei inventar todo tipo de desculpas para não ir, mas como minha irmã queria me preparar para a mudança, não tive alternativa. Eu estava atenta e vigilante, no entanto, e não permiti que meu cunhado fizesse suas investidas.

Foi um verão maravilhoso, muito alegre, como sempre. Eu me tornara uma bela jovem e recebia muita atenção.

O governador de Massachusetts, cuja casa de campo era vizinha à da minha irmã, havia perdido a esposa recentemente. Sua família e a da minha irmã eram muito amigas e ele passava bastante tempo na casa dela. Naquele verão, o acampamento dos cadetes de Boston ficava não muito longe das duas casas, o que tornou as férias ainda mais alegres para as jovens senhoras. Foi marcada uma noite do governador no acampamento e surgiu a questão de quem o acompanharia durante as festividades. Em tom de brincadeira, ou assim imaginei, ele disse:

— Ora, minha jovem, acho que você deveria ir comigo.

Imagine minha surpresa e meu prazer de ser escolhida para um papel tão cobiçado. Mas mesmo aí havia uma mosca na sopa, pois um dos cadetes que morava na cidade pedira minha companhia assim que seus deveres oficiais terminassem na revista.

Fui com o governador, no entanto, e recebi todas as cortesias devidas à situação. Naturalmente, fiquei orgulhosíssima.

Quando acabaram as formalidades, fui tomada pelo jovem cadete e saímos para uma caminhada tranquila. Enquanto isso, o grupo do governador estava prestes a partir, e ninguém sabia onde eu estava, para grande consternação e decepção da minha irmã. Eles voltaram para casa sem mim, pois alguém lhes informara com quem eu estava. O jovem cadete logo me levou para casa, e minha irmã o recebeu com uma língua ferina. Eu também não fui poupada. O governador levou tudo na brincadeira e pareceu entender perfeitamente a situação.

CAPÍTULO IX

Em setembro, um novo capítulo da minha jornada interior teve início. Nunca antes passara a noite em um trem e a viagem para o oeste despertava em mim, é claro, um grande interesse. Eu só tinha as provas. Ainda não havia a moda das escolas com disciplinas específicas e tive que fazer todas as provas, de "a" a "z", o que fiz sem nenhum problema, sendo aprovada com louvor — para alegria da minha irmã e do meu cunhado.

Minha irmã era amada por todos, jovens e velhos; assim como Peter, e sua casa era um dos centros sociais populares da vida universitária e das duas cidades vizinhas. Com esse ambiente, agregado talvez a certas qualidades que podem ter exercido certa atração, me tornei popular imediatamente e mergulhei de cabeça na vida da faculdade. Não me faltavam pretendentes, mas continuei fiel ao meu jovem namorado que "foi para o oeste". Contei a algumas amigas, que ficaram exultantes em saber que eu estava noiva.

Tênis, cavalgadas (sentada de lado sobre a sela), danças, passeios de carruagem, entre outras coisas, preenchiam todo o meu tempo livre. Minha vida era uma aventura gloriosa após a outra; eu estava "na crista da onda". Os estudos não ocupavam demais o cérebro, pois eu aprendia rapidamente, e não os levava muito a sério.

Mencionei que montava em uma daquelas horríveis selas laterais, o que me lembra de algo ao qual já deveria ter aludido nestes registros. Na fazenda, costumávamos andar a cavalo em pelo, como os índios selvagens, e eu era a mais destemida de todos. Tinha meu amado cavalo, e nunca deixaria ninguém o ultrapassar. Um dia, durante uma longa galopada em pelo, senti um frêmito tremendo e repentino que atravessou todo o meu corpo, sem fazer ideia de onde veio. Tive a mesma comoção diversas vezes durante cavalgadas muito longas. Lembro que sempre tive a sensação de ter cavalgado demais, pois ficava cansada e sem energia após essas ocasiões. Hoje sei que o que tive foram orgasmos. Em anos posteriores, quando sonhava com cavalgadas, o mesmo frêmito se repetia.

Retornemos agora à faculdade, onde me beneficiaria da "educação superior". Por pertencer à família de um membro do corpo docente, naturalmente me associei mais com outros jovens que tinham relações semelhantes. A filha do reitor estava no segundo ano quando cheguei, mas fez a gentileza de me acolher sob sua asa, por assim dizer. Era uma menina linda, muito esperta nos seus estudos, mas desajeitada nas danças, então não era popular com os meninos (a universidade era mista). Tinha uma boca tentadora, e eu sentia uma forte atração por ela. Nenhum rapaz a havia namorado, e ela parecia bastante contente com minhas demonstrações de afeto. Seus lábios lembravam pétalas de rosa.

Eu ainda gostava muito da minha "doce menina", com quem continuava a me corresponder, assim como com meu namorado no oeste. Hoje percebo que estava em busca de um amor que me saciasse. Talvez eu fosse muito caprichosa. Não estou tentando estabelecer nenhum traço de personalidade específico, apenas quero representar as dificuldades que jovens e crianças precisam enfrentar e a situação terrível de desvantagem em que se encontram por não serem ensinados nos seus primeiros anos.

Estou lidando com todas essas questões sexuais à medida que me ocorreram, em sequência, até onde lembro.

Esses "beijos róseos" eram muito solicitados e muito dados, mas outras vezes eram negados. Obviamente, isso os tornava duplamente desejáveis. Escrevíamos muito bilhetes ardentes, pois não tínhamos liberdade para passar tanto tempo juntas quanto gostaríamos, já que estávamos em turmas diferentes e éramos fiéis aos nossos estudos.

Essa menina tinha um irmão que gostava muito da minha irmã e que foi meu primeiro pretendente. O mínimo princípio de aliança foi imediatamente vetado por ambas as famílias, pois interferiria em nossos futuros! Nunca levei os meninos muito a sério, e provavelmente era considerada uma coquete. Eles eram úteis e havia certo fascínio na sensação de que eu os atraía; como era considerada popular, eu flertava com todos, e cada um preenchia algum papel no meu programa de prazer, mas nada disso tinha natureza sexual. Quando seu ardor crescia demais, eu os largava.

Peter, meu cunhado, além de lecionar, era responsável pela grande biblioteca. Todos os livros novos precisavam ser catalogados, ter as páginas destacadas etc., antes que pudessem ser colocados nas prateleiras. Eu nunca hesitava em auxiliá-lo com esse trabalho e em poupar minha irmã, que muitas vezes o ajudava a arrumar os livros, assim como muitos outros alunos que tinham tempo livre e estavam dispostos a ser úteis.

Esse trabalho era realizado em uma sala privada, que ficava sempre trancada durante essa tarefa, assim como em outros momentos. Entrar nessa sala com Peter e ficar enclausurada ao seu lado nunca foi algo que me chamasse atenção, pois era o costume quando qualquer um o ajudava.

Um dia, enquanto trabalhávamos, ele agarrou minhas mãos e disse que me amava, e não como um pai ("papaizinho", como eu o chamava). Tratei a declaração como uma piada, e foi como respondi.

Entre todos os nossos amigos íntimos, era piada geral na universidade que, mais cedo ou mais tarde, toda menina ou mulher ligada à faculdade se apaixonava por Peter. Creio que era verdade, e sua queda final pode ser atribuída a essa capacidade de "encantar". Lembrei-lhe desse ditado entre nossos amigos, dizendo que podia me excluir dessa categoria e tentei convencê-lo a continuar com o trabalho. Eu ia sair da sala, mas ela estava trancada e a chave estava com ele. Descobri que ele estava determinado a fazer amor comigo (nas palavras dele), e eu igualmente determinada que ele não fizesse. Brigamos, mas ele tinha a força de um gigante. Ele me avisou para não fazer cena, e então começou a despejar aqueles argumentos terríveis que eu, infelizmente, conhecia tão bem.

Minha irmã o adorava, assim como eu a adorava. Seria eu capaz de partir seu coração e fazer o homem desistir do que queria? Que trama emaranhada! Ele se queixou que amava minha irmã mais do que a própria vida, mas que estava sexualmente faminto, pois ela não tinha interesse por coitos ocasionais. Sempre me perguntei se sua natureza não seria como a minha. Hoje sei que ela teve amigas íntimas, meninas e mulheres, durante toda a vida.

Rendi-me mais uma vez, imaginando que assim preservaria a paz na família e pouparia todos de uma batalha e da morte súbita! Como eu queria ser capaz de sentir algum prazer com aquele contato terrível que parecia fadada a suportar. O primeiro do meu primeiro ano de faculdade! Como me odiava naquela época. Sentia que não passava de um animal vil, praticamente uma prostituta. Não me importava mais com o que aconteceria.

Fugia das oportunidades sempre que podia, mas quando eram inevitáveis, eu simplesmente me transformava em uma mobília sem vontade. Contudo fui capaz de esquecer esse papel e mergulhei com energia nos estudos e nas festividades da vida universitária. Participei ativamente nas organizações e era considerada uma aluna exemplar. Ninguém jamais soube da "taxa de matrícula" que precisava pagar.

Como tinha horror da vida sexual que era forçada a levar, o que me reconfortava era saber que aquele não era meu verdadeiro eu, que o meu verdadeiro eu levava e continuaria a levar uma vida normal e feliz. E eu gostava mesmo da minha vida, apesar dessas páginas obscuras.

O lado da minha natureza que clamava por uma companheira do sexo feminino me preocupava, pois eu imaginava ser a única a ter essa natureza, mas esse lado era muito real também.

A menina com os lábios de pétalas de rosa saiu da minha vida. Nossa ligação foi classificada como exclusivamente sentimental. A ruptura ocorreu porque sua família não estava disposta a ter o filho mais novo, muito persistente em sua dedicação, comprometido em tramas matrimoniais. O reitor e eu entramos em conflito quando recusei totalmente as investidas do filho mais velho que lecionava na universidade. Na verdade, o próprio patriarca foi "fervoroso" demais em algumas ocasiões e precisou ser colocado em seu lugar.

Muitos anos mais tarde, encontrei esse poderoso reitor na Exposição Pan-americana, enquanto saía às escondidas de um salão de baile onde havia um cartaz que anunciava um show de dança *nautch*.[5] Ele ficou muito envergonhado e me cumprimentou com excesso

---

5   O nautch *é uma dança tradicional indiana popular à época, mas logo tachada como imoral.*

de simpatia. Aproveitei a oportunidade para olhar de relance o anúncio acima de sua cabeça, e com um olhar sarcástico, deixei sua mão estendida voltar para junto de seu corpo sem entrar em contato com a minha.

Minha amiga seguinte tinha o dom da música. Cantava e tocava, o que me atraiu. Sua mãe era falecida e minha irmã era uma espécie de mãe para ela, de modo que era presença constante em nossa casa. Peter não parecia gostar da nossa amizade, o que se explica pelo fato de ele também estar "fazendo amor" com ela e de ela ser muito apaixonada por ele. Só descobri isso mais tarde, muito depois que nós duas nos separamos.

No meu segundo ano, me interessei por um menino da minha turma, filho de uma família refinada e considerado pela minha irmã como um companheiro desejável, embora Peter nunca aprovasse ninguém que começasse a demonstrar muita atenção por mim.

O rapaz era bonito, um dançarino maravilhoso e realmente dava "os beijos mais doces", como a menina que acabo de mencionar me contara (e ela havia experimentado vários). No meu ano de caloura cheguei a ficar namorada dele. Eu não estava apaixonada e nunca me sentiria atraída por ele, não fossem pelos motivos que acabo de descrever. Eu estava ficando cada vez mais preocupada porque não era como as outras garotas, então achava que era melhor casar assim que meus estudos terminassem e passar a ser normal, pois acreditava-se que uma menina que tinha namorados e queria se casar era totalmente normal.

Meu interesse por meninas persistia, no entanto, e eu não conseguia me entusiasmar muito pela ideia de casamento.

Antes disso, havia uma garota na turma que parecia estar tentando me conquistar. Eu não tinha nenhum interesse, pois preferia conquistar a ser conquistada quando ficava atraída por uma garota. Certa vez, aceitei seu convite para passar a noite com ela. Íamos a um baile, então parecia natural e conveniente.

Quando fomos para cama, ela estava em um estado emocional muito afetuoso e queria que eu a beijasse. Eu não queria, pois não me sentia minimamente atraída por ela. Ela disse que dançar sempre a deixava louca de vontade por qualquer tipo de carícia.

Nas sessões de namoro com a menina, cuja companhia me fora proibida, percebo agora que ela às vezes atingia o clímax do seu desejo sexual, mas mesmo naquela época, as sensações que descrevi como um *frisson* no fundo do peito eram o que acreditava serem iguais aos sentimentos dela, com a única diferença sendo que eu era mais capaz de controlar minhas expressões de felicidade.

Meus verões em casa eram cheios de festa, e conseguia manter meu cunhado longe. Ele estava envolvido abertamente com uma série de mulheres de todos os tipos, para tristeza da minha irmã, que finalmente teve de se divorciar dele — felizmente, não por minha causa. Contudo decidi que, se necessário, testemunharia em juízo a respeito da sua infidelidade. Isso, é claro, ocorreu anos após a época que estou descrevendo.

CAPÍTULO X

Meu segundo ano na faculdade produziu provavelmente a experiência mais surpreendente que qualquer menina já teve. As anteriores, sei que todas as meninas (ou muitas delas, pelo menos) tiveram, apesar de negarem com veemência.

Com o início do segundo semestre, um novo professor e sua esposa chegaram de uma cidade do leste. Como nossa família era a única daquela parte do país, estivemos entre os primeiros a conhecê-los e logo nos tornamos grandes amigos.

O casal não tinha filhos, e eles pareciam gostar de mim, então eu passava bastante tempo na casa deles, ficando para o jantar, quando Peter e minha irmã vinham me buscar e visitar também. Eu sentia uma forte atração pela esposa, que chamarei de Flo, a qual será uma presença importante na minha vida a partir deste ponto. Eu ainda não tinha me envolvido com o jovem que dançava e beijava tão bem, e minhas afeições começaram a se concentrar rapidamente em Flo. Afetuosa e extrovertida por natureza, uma característica que herdei diretamente do meu pai (com quem me parecia em muitas características, segundo me informaram), comecei, muito timidamente, a demonstrar meu amor crescente por Flo. Ela parecia corresponder ao meu carinho, então continuei a cortejá-la da maneira tradicional, mandando flores e fazendo agradinhos. Eu estava mesmo fascinada.

Peter também estava causando uma impressão forte em Flo. Tanto o professor quanto Flo adoravam minha irmã, assim como todo mundo. Passávamos quase todas as noites juntos na casa de uma família ou da outra para jantar, jogar cartas ou simplesmente conversar ou comparecer a alguma função relacionada à faculdade ou ao teatro.

Logo eu era uma convidada aguardada para o jantar todas as quintas-feiras, e também para passar a noite. Foi quando Flo começou suas pequenas visitas ao meu quarto depois que me deitava, onde dividíamos momentos de amor e carinho. Eram beijinhos e beijões até que finalmente ela ia se deitar na própria cama com o marido, que tenho certeza que ela amava, assim como ele a ela. Eu era deixada com um desejo que mal conseguia suportar.

Não franza a testa, caro leitor devoto, nem feche este livro declarando o clichê "ora, nunca vi uma coisa dessas". Ontem mesmo retirei um *best-seller*[6] da biblioteca privada aqui na minha cidadezinha e, antes de levá-lo, consultei a lista dos leitores que o haviam retirado antes de mim. Lá estavam os nomes de todas as suas filhas. Os meninos não se dão ao trabalho de ler sobre o que recebem em primeira mão. No romance, li sobre todas as coisas das quais escrevo, mas formuladas, é claro, em termos tão oblíquos que o censor pudico prefere lê-lo a descartá-lo.

Estou contando a pura verdade das coisas que muitos conhecem da infância até quase a sepultura, mas ninguém ousa admitir que existe. Pode me desprezar, se quiser, mas que meu sacrifício tenha o efeito desejado, que é fazê-lo pensar e reconhecer os pecados do seu passado e tentar ajudar os bebês ainda não nascidos e as muitas crianças que hoje geram filhos sem antes receber o sacramento.

No verão seguinte, minha irmã e Peter ficaram no oeste, mas eu voltei para casa, como de costume. Flo e o professor foram me visitar. Eu não a encontrava havia muito tempo, então imagine a alegria da nossa reunião. Minha mãe pareceu notar minha comoção excepcional, especialmente quando voltávamos de uma longa caminhada ou de um passeio. Era evidente que ela estava

---

6 O poço da solidão, *clássico da literatura de ficção lésbica. De autoria da inglesa Radclyffe Hall, o romance foi publicado em 1928. Samuel Putnam, um dos sócios da editora que publicou* The Stone Wall *dois anos depois, trabalhava para a Covici-Friede, editora de Hall nos Estados Unidos. O sucesso comercial do livro de Hall pode ter dado o ímpeto comercial para que os sócios da Eyncourt Press encomendassem a redação de* The Stone Wall.

observando a situação com muito cuidado e ficando preocupada. Logo me chamou para uma conversa e disse que achava que eu estava interessada demais pelo professor e que a visita deveria ser encerrada. Retruquei que não estava apaixonada por ele. Reconheci que era de Flo de quem gostava, mas minha mãe disse que não ia se deixar enganar e que aquilo tinha que terminar. A única maneira de fazer isso seria fingir que estava tão doente que precisaria pedir-lhes que encerrassem a visita.

Contei a Flo o motivo, mas decidimos que era melhor que fossem embora. Mais tarde, Flo escreveu a minha mãe para assegurá-la de que a ligação era entre nós duas, que o professor em nada me interessava e que torcia para que acreditasse que tudo estava bem. O que minha mãe achou disso, nunca soube, pois era uma mulher de poucas palavras. A questão logo foi abandonada.

Naquele verão, o jovem namorado veio nos visitar para se submeter a uma inspeção familiar na qualidade de candidato ao meu coração e à minha mão. Ele foi aprovado, e o noivado, anunciado, com as festividades tradicionais. Ele teve que voltar para o oeste antes de mim, então parti sozinha. Sentia que estava bastante "apaixonada" e tinha os sentimentos certos pelo mancebo; no fundo do coração, entretanto, era a sensação de que veria Flo novamente que me deixava feliz por voltar. Essa minha primeira viagem longa sozinha me deixou um tanto solitária, então imagine a surpresa e a sincera alegria quando meu namorado subiu no trem na última noite da viagem. Ele viajara um dia e uma noite para me encontrar em determinado ponto onde haveria uma longa parada. Trouxe-me flores e doces, e fez e disse todos os carinhos que um namorado bem treinado sabe fazer. Ele gostava mesmo de mim. Senti que estava fazendo o que se esperava de mim, então fiquei muito contente.

Como ele me implorou para descermos na próxima cidade grande e nos casarmos ali mesmo para acabar com aquilo de uma vez! Fiquei bastante tentada, mas quando pensei na decepção da minha família, que tinha tamanhas esperanças dos meus estudos na faculdade, simplesmente não consegui.

Posteriormente, desejei que tivesse feito do jeito que ele queria. Sentamo-nos juntos e estendemos a conversa íntima muito depois que todos já haviam se retirado, até finalmente decidirmos fazer o mesmo. Notamos que não havia ninguém no leito acima do meu, para minha alegria. Logo, logo, é claro que o rapaz veio até o meu leito, abriu as cortinas e me pediu para não falar nada. Ele entrou, me abraçou com força e implorou para consumarmos o casamento. Disse que estávamos casados de verdade aos olhos de Deus e que nada mais importava.

Ora, porque não? Já tínhamos o plano do "casamento de teste", tantos anos atrás. Então era isso o casamento! Depois daquela noite, todas as ilusões desapareceram. Eu acreditava que um casamento de verdade produziria resultados diferentes, ou sensações diferentes, ao menos. Não, infelizmente não! Soube então que nunca conseguiria chegar ao ponto de me casar com ele de fato.

Obviamente, ele voltou para o próprio leito antes do amanhecer. Ambos nos levantamos cedo e tomamos café da manhã; estávamos sentados, conversando muito corretamente, e imagine quem entrou? Peter! Decepcionado, pensei, por ver que o jovem chegara antes dele.

Foi um dia de viagem engraçado. Os dois ali, sentados, odiando um ao outro, e eu odiando ambos. Meu namorado achara que aquele seria o dia em que finalmente cederia aos seus desejos e desceria em algum lugar para realizarmos a cerimônia. Peter provavelmente achava que teria uma sessãozinha exclusiva comigo. Em vez disso, ambos simplesmente passaram o dia todo se encarando.

Eu só pensava em Flo, e as horas pareciam se arrastar cada vez mais. Quando finalmente chegamos, muitos amigos estavam na estação para me receber.

Tive que esperar algum tempo antes de romper o noivado, pois não parecia ter uma boa desculpa. Por fim, encontrei uma e esse capítulo se encerrou, para grande tristeza do rapaz. Fiquei com pena dele, pois abandonou a universidade, e eu não queria interferir em sua carreira. Posteriormente, no entanto, ele se casou e viveu feliz para sempre.

Quando correu a notícia de que eu estava disponível, não faltaram pretendentes. Não aceitei nenhum, exceto como acompanhantes em diversas funções para as quais a presença seria necessária. Meu amor por Flo me deixava feliz porque eu a deixava feliz, e isso para mim era a suprema felicidade.

CAPÍTULO XI

Creio que o fato de os anos de faculdade terem sido gloriosos mostra que meu interesse real não era por questões sexuais. Fui diligente nos estudos e obtive notas altas. Participei de todas as atividades com entusiasmo, exceto de uma: nunca pertenci a uma sororidade. Recebi convites insistentes, mas por algum motivo, não tive vontade de me juntar a um grupo de mulheres. Foi uma decisão para toda a vida. Poderia ter participado de muitas das organizações nacionais para mulheres, mas elas não me atraíam. Que alegria não tive nas muitas vezes em que li sobre as disputas absurdas que acontecem em muitas dessas sociedades! Participei de organizações para homens, quando as mulheres eram aceitas, e gostei de trabalhar com eles no mundo dos negócios. Fui tratada "de homem para homem" e tratei-os no mesmo espírito.

Antes do final do último ano, Flo voltou para o leste, pois estava esperando a chegada de um bebê. Eles haviam perdido uma menina e estavam muito felizes com a nova gravidez. Deixaram-me "encarregada" do professor.

Eu costumava olhar ao meu redor e ficar admirada: lá estávamos nós, todos na chamada "mais alta classe da sociedade", respeitados e amados. Mas pense nas coisas que estavam acontecendo nos bastidores! Creio que casos semelhantes ocorriam entre outros membros do nosso grupo, mas os outros eram tão dissimulados quanto nós, como somos todos, pois é um assunto que nunca se discute com terceiros. E assim permanecerá até que ocorra uma reordenação drástica do sistema sexual.

Hoje algumas pessoas estão tendo coragem de falar sobre controle de natalidade, e medidas importantes vêm sendo tomadas para a execução de métodos para tal. É encorajador e um grande passo adiante, mas na minha opinião não resolve de fato um problema importante. É como um medicamento para aliviar a dor que trata e extermina a causa dessa dor. Nenhum sofrimento se compara ao desejo sexual insatisfeito e nenhuma condição produz resultados tão terríveis. Um dia, os cientistas começarão a procurar uma maneira de enfrentar essa doença, o que produzirá para a raça humana um verdadeiro avanço moral, físico e mental.

Até então eu achava que era a única garota a ter desejo sexual por mulheres em vez do desejo permitido: por homens. Eu acreditava que talvez as experiências horríveis que havia sofrido nas mãos dos homens seriam responsáveis, de alguma maneira, por esse impulso. Hoje penso que esse desejo é tão normal para algumas mulheres quanto o oposto é para as outras. O orgulho do macho tem muita responsabilidade por ocultar e tratar esse aspecto como indesejável. Chegará o dia em que o amor do homem pelo homem e o amor da mulher pela mulher serão objetos de estudo como nunca foram no passado. Livros sobre o assunto não serão censurados. Mulheres ficarão ansiosas por cooperar com suas filhas para o entendimento de questões que as confundiram a vida toda e as levaram a inúmeras complicações, sejam matrimoniais ou não.

Quando voltei para casa após uma carreira universitária considerada bastante satisfatória, a questão era: "e agora?".

Minha primeira opção seria a arte, e surgiu uma oportunidade caso fosse morar com minha irmã em Boston, onde receberia instrução do mais alto nível. Mas eu sabia o que isso significaria. A ideia de passar por qualquer uma daquelas experiências novamente me fez estremecer. Em casa, me sentia livre e segura, pois o ambiente havia se transformado quando todas as relações anteriores foram cortadas. Meus pais me pediram para ficar por um ano, no mínimo, então aceitei um convite para lecionar perto de casa, em uma escolinha da Nova Inglaterra.

Posso ou não ter mencionado que nasci sob o signo de Gêmeos, e então, de acordo com os astrólogos, tenho uma natureza dupla. Naquele período, o lado feminino da minha natureza estava se impondo. Sentia um desejo verdadeiro de ter filhos. Minha presença naquela escola pode ter encorajado esse sentimento, ou talvez a fase pela qual estava passando tenha sido responsável pelo grande sucesso dos meus esforços. Ela se tornou a "escola modelo" da cidade.

Estava com vinte anos, e sabia, claro, que devia me casar para cumprir meu desejo de ter uma família. Por mais que odiasse a ideia dos processos que teria de suportar para alcançar meu objetivo, naquele ano, cedi às propostas de um homem doze anos mais velho. Sua família e as dos meus pais eram amigas de longa data e, como haveria a possibilidade de eu permanecer perto deles, a escolha foi vista com bons olhos. Minhas irmãs, entretanto, que haviam conhecido outras alianças disponíveis, muito mais vantajosas, tanto financeira quanto socialmente, discordavam. Eu experimentara bastante da alta sociedade e, de certa forma, ela não parecia me atrair. Contudo, como achava que nunca seria capaz de amar homem nenhum, e como precisaria me casar para ter os filhos desejados, seria bom escolher alguém que pudesse vir a ser um pai bom e saudável.

O encerramento da minha carreira universitária deu fim ao capítulo envolvendo Flo e o professor. O bebê nasceu e a atenção de Flo se centrou totalmente nele. À medida que nossas vidas foram se afastando, a chama naturalmente se apagou, embora tenhamos permanecido sempre amigas. Encontrávamo-nos de vez em quando, mas nossas relações nunca voltaram a ser como antes, pois cada uma se ocupou com outros assuntos.

Meu casamento foi a peça seguinte no teatro da minha vida. Passei pelos preparativos e pela cerimônia com o entusiasmo convencional. A lua-de-mel foi um pesadelo. Cumpri meu dever de jovem virtuosa e estou certa de que convenci meu marido da minha castidade. Assim começou a vida infeliz de mentira, a fim de ocultar o horror da vida de verdade, que considerava absolutamente errada e digna de ser desprezada. O nojo costumeiro acompanhava cada recorrência das relações, sobre as quais fui me convencendo cada vez mais terem sido inventadas exclusivamente para a conveniência e o prazer dos homens.

Logo descobri que meu caro marido não estava ansioso para assumir as responsabilidades da paternidade. Para minha decepção, ele tomava muito cuidado para que não ocorresse nenhum acidente. As coisas continuaram assim por algum tempo, mas então tivemos uma conversa séria sobre o casamento. Eu não disse exatamente "por que você acha que me casei, hein?", mas argumentei que a consumação do casamento ideal seria a chegada dos filhos. Lembrei-lhe de que, se não tivéssemos filhos, seus prazeres e o meu (imaginando que fosse um prazer) poderiam ser comprados e vendidos no livre mercado.

Contudo o inesperado e o ansiado aconteceu, e eu engravidei. Creio que, pela primeira vez na vida, me senti segura e normal. Meu marido começou a se preocupar com as despesas futuras, apesar de realmente não precisar, pois tinha um bom salário e morávamos na casa do seu pai. Mas isso ainda me preocupava.

Havia uma vaga para professora em uma cidade vizinha, mas sob a supervisão do conselho escolar que controlava o pequeno distrito no qual eu lecionara no ano anterior. Pediram que eu preenchesse a vaga por algumas semanas, e eu aceitei. Eu ficava enjoada no início da manhã, mas passava muito bem pelo resto do dia. Estava feliz por estar ganhando dinheiro, assim como meu marido.

Eu era obrigada a me levantar em torno das seis da manhã, em janeiro, antes de o sol nascer, e viajar cinco quilômetros em um trenó aberto sem capota até a estação ferroviária, sofrendo de intensa náusea por todo o caminho, em jejum. A viagem de vinte minutos no trem era a gota d'água, mas sobrevivi a tudo isso. Após um longo trajeto a pé até o hotel, estava pronta para um café da manhã leve. A caminhada para a escola me deixava, então, completamente preparada para o trabalho do dia. Era responsável pelo departamento de ensino primário, e amava o que fazia. Tomava um lanche frio na escola e voltava para casa após escurecer, novamente caminhando, viajando de trem e andando de trenó, com o termômetro várias vezes muito abaixo de zero. Tudo isso por onze dólares por semana, o que era considerado um bom salário na época.

Estava contente por fazer alguma coisa, mesmo que fosse tão pouco, para pagar pelas despesas futuras e aliviar as preocupações do meu marido. Era uma oportunidade maravilhosa para gastar o excesso de energia e também uma boa desculpa para recusar relações sexuais, que não me interessavam em nada agora que a única razão para as tolerar havia deixado de existir. Continuei a lecionar até o final do ano letivo, em junho, e sentia que havia pago o preço pelo evento que esperava.

Na grande família do meu marido havia uma jovem prima e sua mãe viúva. A menina era três anos mais nova do que eu. Era atraente e muito musical. Tocava bastante para mim, o que parecia me relaxar, mas também me emocionava profundamente. Gladys, como irei chamá-la, assim como toda a família, gostava muito de mim. Na verdade, todos me mimavam muito. Gladys era miudinha e sempre fora o xodó da família, preferindo se aninhar no colo de alguém a sentar em uma cadeira. Um dia, após tocar para mim, ela veio e se aconchegou na "poltrona" do meu colo. Era uma jovem muito "beijável". Seu lindo cabelo avermelhado formava cachinhos apertados e fascinantes em torno do rosto e do pescoço. Sua pele, tão macia e rosada, era uma grande tentação. Senti o impulso de acariciá-la, e acariciei. Ambas ficamos eletrizadas, mas para mim não passou da emoção que senti com seu pulso latejante em estado de êxtase. Finalmente tinha alguma válvula de escape para as terríveis emoções reprimidas que eram novidades para mim e que jamais eram satisfeitas pelas relações com meu marido.

Meu casamento era um meio para um fim. Eu era, ao que tudo indicava, normal, e ia ter um bebê. Não tinha ideia das responsabilidades para aquele que ainda não havia nascido. Simplesmente visualizava o bebê nos meus braços, e isso representava a realização do meu desejo.

Gladys ficou perdidamente apaixonada por mim, e a obsessão evidente provocou risadas entre toda a família, que sempre a tratou como uma grande piada. Nada parecido com esse tipo de afeto jamais entrara na vida daquela gente simples do campo, cujo contato com o mundo fora sempre muito limitado. Eles eram incapazes de compreender muitos dos grandes problemas da vida.

O casarão se espalhava em um local encantador, em uma grande fazenda atravessada pelo rio Connecticut, perto de um pequeno lago. No verão, abria para hóspedes vindos das cidades. A empresa do meu marido mudou de cidade, e consideramos que seria melhor se eu ficasse em casa durante o verão, pois ele passava a semana fora e voltava aos domingos.

Quando não conseguia mais trabalhar ativamente na lida da fazenda, que nunca negligenciei, enquanto pude, fui para a casa da minha mãe por alguns meses para aguardar os próximos eventos. Estava mentalmente feliz, mas fisicamente faminta por algo que estava faltando, e para o qual não tinha experiência pessoal. Só conseguia imaginá-lo, com base nas emoções que observara nos outros. Devia ter algo de errado comigo, pois não era como os outros. Mas então por que aquele desejo insuportável?

Gladys passou bastante tempo comigo durante aqueles últimos meses. Ela não se importava com os hóspedes da cidade e colocava sua música, que considerava muito mais importante, em primeiro lugar. Também queria estar comigo. E eu mal podia esperar pela chegada do bebê. Achava que todos os sintomas físicos pelos quais passava desapareceriam. Às vezes quase enlouquecia quando nada aplacava a tensão causada pelo anseio por alívio sexual. Nos anos seguintes, entendi muito bem por que os manicômios estavam cheios de mulheres internadas por esta razão: a paixão sexual insatisfeita.

Uma noite, quando Gladys ficou comigo, ela alcançou o desejado alívio, e ambas fizemos grandes esforços para produzir o mesmo resultado para mim, mas sem sucesso. Eu estava simplesmente louca de desejo e me contorcia e me debatia de agonia. De manhã, as dores do parto começaram. A enfermeira e o médico foram trazidos e eu fiquei em êxtase com a ideia de que a coisa estava realmente em curso. Fiz tudo que a enfermeira, o médico e minha mãe aconselharam, sem vacilar diante das dores terríveis que recorriam a cada cinco minutos com perfeita regularidade.

Eu cantava e fazia piadas e praticamente gritava de alegria a cada período agonizante. Meu marido chegou por volta das seis horas, morrendo de medo. Eu tinha que mantê-lo animado, pois o progresso durante o dia parecia ter sido quase nulo. A noite caiu e o dia raiou, sem mudanças no programa. As dores eram cada vez mais graves, mas nada acontecia. O jeito como mantive minhas forças foi maravilhoso, ou assim me disseram. Eu estava muito cansada e consegui cochilar um pouco entre as dores, que ainda vinham em intervalos de cinco minutos. Era noite de domingo e nada de o bebê chegar. Na manhã de segunda-feira, minhas forças vitais estavam exauridas, então outro velho médico do interior foi chamado. Minha pobre mãe acompanhou a consulta, ela que havia passado por aquela provação nove vezes sem nenhuma complicação.

Posteriormente, descobri que queriam retirar a criança em pedaços, mas como ainda havia vida em seu corpinho, minha mãe não consentiu. Administraram clorofórmio e caí em um sono abençoado enquanto a criança era retirada com instrumentos.

Quando acordei, sabia que não tinha um bebê. Ainda fraca, pedi que o corpo fosse trazido para mim. O desejo foi concedido, e o tempo jamais apagará a felicidade que senti naquele breve minuto em que o corpinho ficou deitado junto do meu. O bebê foi levado embora com a promessa de que eu o receberia de volta depois que descansasse, o que não aconteceu.

Alguns dirão: "Foi tudo culpa dela, quebrou as leis da natureza com sua perversão". Pode ser verdade. Outros saberão que as leis da natureza e a força do desejo sexual, ignoradas pelas gerações anteriores, presas pela tradição do segredo, foram liberadas para exercer seu poder esmagador sobre as crianças inocentes e ignorantes da minha época, como fazem ainda hoje.

Com a lembrança daqueles momentos preciosos ainda fresca dentro de mim, pode alguém pensar que revelo esses segredos mais profundos da minha vida com outra intenção que não a de, talvez, ajudar as pessoas a entenderem os problemas sexuais que nossos jovens enfrentam hoje?

Minha vida esteve por um fio por alguns dias, mas por fim a saúde voltou. Meus ouvidos ficaram cheios com as condolências habituais e com as carolas taciturnas me informando que "foi a vontade de Deus". O resultado foi que, além de odiar um Deus daquele tipo por um tempo, senti que odiava a todos. Na verdade, eu odiava a mim mesma. Ao ouvir muitos dizerem, em circunstâncias similares, "foi melhor do que se o bebê tivesse sobrevivido", me dava vontade de gritar. A frase normalmente saía da boca de uma solteirona ou de uma mãe com muitos filhos, tão ocupada com as crianças vivas nos seus braços e guinchando ao seu redor, que mal pensava no pobrezinho que, mesmo não vindo ao mundo, foi parte essencial da minha vida durante aqueles poucos meses maravilhosos.

Antes do parto, parte do tempo foi consumida por aquele terrível desejo insatisfeito, mas também tive muitas horas de puro prazer com aquele serzinho vivo dentro de mim, que crescia e se fortalecia. À noite, eu cantava para ele ou o afagava, colocando-o para dormir com o mesmo carinho que uma mãe com o bebê nos braços.

Se tivesse a sabedoria que adquiri anos depois, como as coisas teriam sido diferentes! Contudo, sempre me senti feliz, na minha ignorância, por não ter tido filhos, pois não sabia das responsabilidades dos pais com o bebê por nascer. Quero alcançar as mães, presentes e futuras, comunicando fatos reais, não teorias que não causam nenhum efeito.

Quando conversei sobre algumas das minhas conclusões com uma mulher da minha idade, muito conhecida nos círculos sociais e literários, ela ergueu as mãos, horrorizada, e disse:

— Ah, não tire dos jovens de hoje o glamour do amor!

Essa mulher tem uma filha que, muito jovem, fugiu e se casou com o motorista. Mais tarde, ela me confessou que, embora tivesse sido casada três vezes (o primeiro marido morreu; do segundo, ela se divorciou e com o terceiro ela não morava mais desde que os filhos eram muito pequenos), nunca conseguira viver sem um homem desde os dezessete anos! Ainda assim, ela queria preservar "o glamour do amor" para a juventude de hoje!

Sorrio e lamento com a juventude de hoje, questionando que "glamour" lhes sobra com os antepassados que tiveram. Acreditamos mesmo que estamos enganando essas crianças espertas de hoje em dia?

CAPÍTULO XII

O ano seguinte à minha grande decepção me traria uma tortura ainda maior. Estava novamente ansiosa para engravidar, mas enfrentava uma opinião contrária igualmente forte por parte do meu marido. Após cada sessão do ato tão repugnante para mim, eu ficava em prantos. Eu ansiava mesmo por um filho, apesar de tudo pelo que havia passado. Eu não fazia ideia, é claro, da razão dele estar contrariado e achava que minha única responsabilidade seria a de ter e cuidar de um bebê. Nenhum das minhas súplicas surtiu efeito. Minha impressão era que ele se opunha a uma nova tentativa devido às grandes despesas ligadas ao parto anterior. Como disse, hoje percebo que não tinha por ele o amor necessário para haver um casamento, mas que me casei para ter um pai para meus filhos. Até mesmo tolerá-lo estava se tornando cada vez mais difícil. Gladys, minha priminha, ainda era muito dedicada a mim, mas muitas vezes nos perguntávamos se tínhamos alguma responsabilidade pelo triste fim das minhas esperanças.

Decidiu-se que seria melhor que eu passasse o verão seguinte no casarão da família de meu marido, pois teria coisas para ocupar a mente, a ir para o lugar onde meu marido começaria a construir uma casa. Fiquei muito contente com esse arranjo, pois me entristecia quando ficava sozinha. Minha irmã favorita, a esposa de Peter, morreu logo depois que me casei; e sempre penso que ela morreu com o coração partido, já que estou certa de que sabia que o marido não lhe era fiel, embora nunca tenha suspeitado do papel que eu desempenhara nisso. Ela ficou triste em me ver casar, pois me queria sempre com ela. Éramos muito amigas e nos entendíamos maravilhosamente bem, apesar de quase nunca termos compartilhado nada de caráter íntimo.

Fiquei grata pela movimentação durante o verão da fazenda. Incumbi-me do entretenimento dos hóspedes, então me dediquei a todas as festividades com o vigor e o entusiasmo habituais, e fiz algumas belas amizades. Os hóspedes pertenciam a uma classe com a qual me sentia mais à vontade do que com a gente mais simples do campo, embora eu tentasse não demonstrar isso. Cuidava da correspondência da casa, então, em consequência de uma correspondência prolongada com certa senhora, tendo entrado em todos os detalhes, ficou combinado que ela chegaria em determinada data, acompanhada de três meninos pequenos e uma empregada francesa.

Apresentei-me na escada enquanto ela era conduzida aos quartos. Olhamos fixamente uma para a outra e detectei certo fascínio em seus olhos, que por sinal eram lindos.

Mais tarde, ela me disse que não conseguia me imaginar naquela atmosfera. Muitas vezes me perguntei como havia ido parar lá. Mas eu estava jogando o jogo sem vacilar, e ninguém sabia.

A sra. Barr-Jones, como vamos chamá-la, famosa na sociedade de Nova York e nos círculos musicais e teatrais, se tornou uma boa amiga, pois percebemos que havia entre nós, no mínimo, um vínculo social, e também parecia haver uma atração pessoal imediata.

Peter voltara para o leste a fim de passar o verão, e estava tendo uma longa estada na casa de meus pais, uma visita triste para todos, ao que parece. Ele me visitava bastante, mas eu quase sempre estava ocupada demais para encontros prolongados, e consegui evitar todos. Sugeriu que nossas antigas relações fossem retomadas, mas finalmente consegui colocá-lo em seu lugar e demonstrei, sem nenhuma gentileza, quanto eu o desprezava pelo papel ao qual me sujeitara. Gladys não gostava das atividades da casa, então tinha bastante tempo livre e ficava contente em sair com Peter para passeios e caminhadas. Avisei-a de que ele era um assanhado e que deveria ficar de guarda, mas não entrei em detalhes. Ela imediatamente se apaixonou por ele, como tantas pobres mulheres antes dela.

A sra. Barr-Jones (a mãe de três menininhos adoráveis, dois ainda de vestidinho,[7] todos os quais me adoram até hoje) e eu tínhamos muito em comum: o amor pela música. Sua voz estava em decadência, mas ainda cantava com muito charme. Foi uma das primeiras jovens da sociedade de Nova York a saltar das altas-rodas e aterrissar nos palcos, trabalhando com um dos principais agentes da cidade.

Começamos imediatamente a planejar uma peça, a ser montada no celeiro principal em alguma ocasião especial. Quando descobriu que eu tinha um pouco de experiência em peças teatrais amadoras, no mesmo instante insistiu para que eu assumisse o papel principal masculino ao seu lado. Senti-me absolutamente natural no papel e, mesmo durante os ensaios, logo notei que ela cedia cada vez mais aos meus atrativos. Essa naturalidade cresceu também à medida que aumentava minha atração por ela.

Mandamos buscar na cidade perucas e figurinos de que precisávamos, pois não havia um único traje na cidade inteira. A apresentação final ocorreu em um celeiro lotado, pois todos os moradores da cidade foram convidados, e fomos um grande sucesso. Não sei se deveria dizer isso, mas foi uma *performance* bem-acabada. Minha conquista da sra. B.-J. fora concluída. Sem mais nenhuma persistência da minha parte, ela ficou bastante disposta; na verdade, insistiu que fizéssemos um pouco de amor em nossos papéis.

---

7   *Na época, era comum que meninos usassem vestidos até seis anos.*

Houve um baile nos salões da casa após a peça. Todas as meninas que eu conhecia do verão, e também as do inverno, me imploraram para que eu continuasse vestida com o figurino do meu personagem. Eu dançava bem e sempre gostei de conduzir, então fui atacada por todas as meninas. Aprendi uma grande lição sobre o que muitos rapazes atraentes precisam fazer para se defenderem do ataque de um bando de garotas namoradeiras. Nada as segurava, e as confissões que escutei naquela noite me deixaram atônita.

Eu não gostava de ser cortejada e ainda preferia capturar a ser capturada. A sra. Barr-Jones era a escolhida, mas eu precisava estar sempre atenta para que ninguém suspeitasse da ligação. Conseguimos ter nossas sessõezinhas de namoro (e quem não consegue?), que a deixavam em transe, enquanto eu, como sempre, ficava na mão.

O verão passou e ela foi embora, após me fazer prometer que a visitaria durante o inverno.

Foi um verão louco. Eu tentava esconder minha dor, pois ainda sofria uma tristeza aguda no coração. Tudo que seria obrigada a enfrentar parecia tão sombrio. Eu continuava a implorar ao meu marido, mas com os mesmos resultados. Ele obtinha sua satisfação com dolorosa regularidade, no entanto, já que "o homem precisa desse alívio". Fico atônita sempre que escuto essa besteira, e não são poucas vezes! Como se o homem ou o menino precisasse de um escape para sua vitalidade excessiva ou normal mais do que ou, em alguns casos, a metade do que precisa a mulher ou a menina. Mas é o que a sociedade decreta, então é o que é aceito, seja pagando no mercado antes do casamento ou exigindo da mulher depois.

Estou fundamentando essas ideias nas confissões de muitas mulheres que passaram pela mesma experiência que eu com seus maridos.

Convenci meu marido a consentir que eu fosse a Nova York para visitar a sra. B.-J. Ele ficou tão empolgado com meu sucesso no palco que disse que estava com medo de que ela fosse me convencer a virar atriz. Além da felicidade de estar com minha dama mais uma vez, fiquei especialmente feliz em me livrar de todos os laços matrimoniais. Eu estava desanimada e imprudente, e mergulhei na vida alegre da ópera, da música, do palco e da sociedade com o entusiasmo costumeiro, a despeito do que acontecia em minha vida interior. Passei a acreditar que nada nunca me faria igual às outras mulheres, e não me importava mais com isso.

Flo, o professor e o filhinho moravam no Brooklyn e, como sabiam que eu estava em Nova York, me convidaram para jantar com eles. Ficou combinado que o professor me levaria de volta aos meus amigos, pois eu não conhecia bem a cidade grande.

Havia muitos meses que não nos víamos e, claro, a primeira coisa que fiz foi admirar seu menininho forte e saudável. Era um belo rapaz, com uma cabeça maravilhosa.

Creio que nossas lembranças se voltaram àqueles meses anteriores ao nascimento do bebê e à dúvida se os ocorridos poderiam levar ao desenvolvimento de certas propensões, mas nada foi mencionado nesse sentido. Quando o jantar foi servido, o bebê foi entregue à babá, pois fora mantido acordado apenas para mim. Meus pensamentos se focaram em minha perda com amargura renovada, mas sempre fui capaz de manter meus sentimentos sob controle. Jantamos, bebemos vinho e conversamos sobre diversos assuntos.

Lembro-me de um xerez finíssimo, servido com um dos pratos, e todos sorrimos quando lembramos que Flo dissera uma vez que o xerez era o vinho que a deixava mais sexualmente agitada. Eu estava alegre e, ao mesmo tempo, mais revoltada do que nunca... Tanto o professor quanto eu estávamos em um estado de espírito perigoso quando partimos para Nova York e, imagino, a senhora sabia e não se importava.

Sugeriu-se que parássemos em um hotelzinho distante no caminho, onde o professor parecia saber muito bem que ninguém faria perguntas. Acho que fiz alguma objeção, mas então me ocorreu que poderia deixar de lado a prudência e tolerar, na esperança de haver alguma chance de engravidar. Paramos, e imaginei que toda a minha esperança para o futuro dependeria das próximas horas.

De volta ao lar e, em minha alegria forçada, consegui superar as precauções do meu marido e comecei a devanear alegremente, sonhando que o resultado daquela única sessão seria a criança almejada. Para seu horror, assim foi.

Faço essas revelações para mostrar a que ponto se vai no desejo por uma criança, e para ter uma desculpa eterna para continuar casada. Mais tarde será confirmado que o ideal não foi alcançado, mas para uma mente ignorante sobre problemas sexuais, parecia ser a melhor maneira de forçar a questão.

Não fiquei nada bem durante todo o período da gravidez e meu marido foi se tornando cada vez mais revoltado por eu ter chegado àquele estado. Sabia que estávamos nos afastando cada vez mais, mas esperava sinceramente que, com a chegada do bebê, eu conseguiria me tornar esposa e mãe fiel e normal.

Sempre acreditarei que foi por causa da incompetência de um médico bêbado que a criança não sobreviveu após um trabalho de parto longo e doloroso. Muitos dirão que foi a vontade de Deus. Obviamente, hoje sinto que é melhor que o resultado da minha loucura tenha sido esse mesmo.

Desta vez, porém, minha sanidade mental quase se foi junto com a vida da criança. Se um dia tive algum amor pelo meu marido, como fingia ter, agora sabia que ele estava acabado e que nunca poderia retomar aquela vida. Fora tudo uma terrível confusão desde o início. Simplesmente me recusei a ficar com um homem que deveria ter comprado seus prazeres e contratado uma governanta.

Permaneci com minha mãe por um tempo, sob os cuidados do nosso médico. Ambos achavam que eu deveria passar um tempo longe, então fui ficar com a sra. Barr-Jones, que se solidarizou comigo. Estar com seus meninos parecia aliviar meu coração dolorido. Os médicos do interior decretaram que eu nunca deveria tentar ter outro filho e, perante a perspectiva de ser uma prostituta legitimada pelo resto da vida, não voltei para meu marido.

Descobri que precisava de atenção médica especializada, pois os charlatões do interior me largaram em um estado deplorável. O primeiro parto me deixara com lacerações terríveis, e o segundo, com outras piores ainda, então passei o inverno inteiro em tratamento. A sra. B.-J. estava ansiosa para que eu ficasse com ela, então, para me tranquilizar, permitiu que eu ensinasse aos seus filhos. Quando viram os métodos que eu estava usando com os meninos, suas amigas me pediram para aceitar os filhos delas também, logo eu tinha montado uma escolinha particular.

Uma história sobre a escola apareceu no jornal *Evening Sun*, escrito por uma mulher que havia me conhecido e viu o sucesso das minhas ideias originais.

A sra. B.-J. e eu aproveitamos a vida juntas, mas eu ainda buscava a verdadeira alma gêmea que, eu pensava, estava me esperando em algum lugar, além de ser a pessoa com quem experimentaria o sentimento de unidade que era o meu ideal.

O caso com o professor, descrito anteriormente, não me atraía mais. Além de cumprir a tarefa para a qual me dedicara com tanta displicência, o contato com um homem não me causava nada além de repulsa.

Gostei muito dos meses que passei com esses amigos. Eles também tinham uma atmosfera musical, tal como tivera em casa durante a infância, mas em um nível muito mais clássico.

Fui apresentada a músicas das quais nunca havia sonhado, e músicos famosos se reuniam para noites absolutamente maravilhosas. O sr. Barr-Jones era um gênio e um pianista talentoso. Sem muita técnica, era sempre escolhido para acompanhar os maiores artistas. Ele simplesmente vivia a atmosfera do cantor e da canção, e o resultado era uma harmonia perfeita.

CAPÍTULO XIII

Havia uma família nova-iorquina que se hospedara na casa de verão da família do meu marido. Automaticamente passaram a gostar de mim e eu, deles. Uma das filhas mais novas, que era uma das minhas admiradoras, mas por quem tinha apenas sentimentos de amizade, estava muito mal de saúde. Os membros da família estavam preocupados e, desnorteados, vieram conversar comigo sobre ela. Ela estava sem apetite e definhava.

Certa vez, me pediram para tomar conta da filha, pois iriam à noite a alguma festa. Aceitei e dividi um quarto com a garota.

De um modo surpreendente, ela começou a se atirar para mim, algo que nem sequer fora sugerido antes. Já mencionei aqui minha atitude diante de quem quer assumir o papel de "conquistadora" e senti uma forte repulsa em relação a esse ataque.

Empolgada, ela começou a falar sobre as sensações que era capaz de experimentar sozinha. Aquilo era uma novidade para mim, então me tornei uma ouvinte interessada, pois achei que talvez pudesse descobrir algo sobre sua enfermidade, que tanto preocupava seus pais. Depois daquele relato, fiquei preocupada e fiz tudo o que pude para convencê-la a não continuar com as práticas às quais confessara, pois sua saúde desmoronaria por completo. Tentei fazê-la enxergar que estava matando os pais de preocupação. Era filha única e fora criada "com todo o cuidado do mundo". É claro que esse não é um assunto para se discutir com uma criança!

Por fim, decidi consultar o médico daquela família para uma conversa franca com ele. Era um velho amigo deles e eu o conhecera socialmente. Contei o que havia descoberto e implorei para que a fizesse parar, pensando, é claro, que ficaria grato por eu ter descoberto o problema que parecia frustrar até mesmo ele na sua conduta do caso.

Fiquei chocada quando ele se ergueu, transbordando de indignação, por eu sequer ter sugerido uma coisa daquelas. Além disso, ele me insultou com insinuações e disse que eu estava inventando a ocorrência ou que era a responsável por ensinar aquelas coisas à menina. Expulsou-me do consultório e disse que iria procurar os pais da garota para eliminar qualquer perigo futuro à vida dela. O que o médico disse a eles, nunca soube, mas fui informada por aquelas boas pessoas que era seu desejo, por razões que preferiam guardar para si, que minha amizade com sua filha se encerrasse.

Enquanto isso, minha escola havia crescido tanto que precisei alugar um amplo apartamento de um quarto na Washington Square.

Certa vez, essa menina me procurou desesperada e me contou que fora proibida de ser minha amiga. Ela estava revoltada e não fazia ideia do que estava por trás de tudo aquilo. Disse que era injusto e que não obedeceria aos pais, que ficaria comigo e que gostava demais de mim para abrir mão da nossa amizade.

Acalmei-a e, claro, não revelei o motivo de os pais terem tomado aquela atitude. Tivemos uma conversa séria e demorada, e finalmente consegui convencê-la de que era errado se entregar ao desejo daquele jeito. Ela me prometeu que se esforçaria para superar o hábito. Eu sabia que a masturbação era comum entre os meninos, mas foi a primeira vez que soube que também acontecia entre as meninas. Eu estava decidida que ela não me procurasse, e ela obedeceu. Anos depois, esbarrei nela em Nova York, bem casada, mas sem filhos. Não fizemos nenhuma referência à experiência anterior. Nosso encontro foi muito natural e agradável.

Entendi melhor a atitude daquele médico, apesar de ter ficado tão furiosa na época que mal pude me conter. Descobri sozinha, e médicos me contaram, que pai nenhum jamais acreditará que seu precioso bebezinho seja capaz de se entregar a qualquer prática anormal. Sobre os filhos dos outros, é fácil acreditar, mas não com o seu!

Os médicos também me disseram que seriam demitidos imediatamente se tentassem revelar para os pais o verdadeiro problema do filho ou da filha.

Filho nenhum admitirá essa prática para os pais ou para qualquer outra pessoa, a menos que seja apanhado em flagrante.

O que estou tentando mostrar é a tristeza de se plantar na mente de uma criancinha o veneno mortal do medo e quais são as consequências dessa atitude.

Uma jovem nunca ousará contar aos pais a verdade sobre si mesma por medo de ser punida. Não ousará contar a verdade ao médico, pois teria vergonha. Se tiver coragem de contar ao médico, este por sua vez não ousaria contar aos pais, por medo de ofender, e então perder seus pacientes.

Os médicos muitas vezes ficam tateando no escuro em busca das causas. Podem ter teorias, mas a menos que obtenham as informações diretamente da única pessoa que sabe, que alternativa eles têm a não ser recorrer a uma sentença fatal como, por exemplo, "ela nunca deveria tentar ter outro filho"?

Ninguém que não seja uma mulher que realmente quer ter filhos, como eu queria, sabe o desgosto que essas palavras causam. Na época que as ouvi, tive que acreditar.

Se ao menos os pais conseguissem analisar o problema mais importante da vida com sensatez e pudessem entrar em detalhes nas respostas às dúvidas dos filhos sobre sexo, sem sentimento de vergonha, poderiam conseguir o apoio da ciência e assim colocariam todas as cartas na mesa, então muitas coisas boas seriam possíveis.

Os mais velhos precisam atirar fora falácias como "minha filha me conta tudo" ou "sei que meu filho nem pensa em sexo".

Basta acreditar quando digo que eles sabem mais do que você imagina e também como descobriram essas coisas, e a que custo. A partir do momento que a mãe média dá um tapa na mão de um bebê e diz: "Não! Não! Não coloca as mãos aí! Que travesso!", ele já começa a se questionar por que levou um tapa e logo, às escondidas, vai tentar ver o que acontece se continuar com aquilo sem ser descoberto.

Há um bom motivo para a mão do bebê se dirigir às partes íntimas. O bebê não começa a fazer isso por travessura, como escuta desde cedo. Se as mães fossem razoáveis e, sem punições, investigassem a causa de alguma irritação por lavar incorretamente essa região ou por sufocá-la com tantas roupas, e então tomassem as medidas necessárias para corrigir essas condições, a criança provavelmente não teria mais por que aliviar a sensação de desconforto sozinha.

Jovens mães recebem instruções maravilhosas sobre os melhores métodos de nutrição e cuidados gerais para crianças. Isso também é necessário. Mas nunca encontrei treinamento sobre como superar a tendência da criança de brincar com os órgãos genitais, exceto com alguma forma de punição.

Essas ideias, por se basearem em minhas experiências pessoais, me levaram a um entendimento sobre muitos desses problemas os quais me vejo obrigada a comunicar ao público.

CAPÍTULO XIV

Quando uma pessoa que havia estudado exaustivamente o tema do sexo,[8] com quem eu conversei longamente, ainda que sem revelar minhas experiências críticas, sugeriu que eu deveria registrar minhas lembranças, minha resposta foi:

— Escrever a história da minha vida? Ora, minha vida eu joguei fora há muito tempo!

Assim pensei por muito tempo, mas prometi que iria pensar no assunto. Depois, entretanto, começou a me ocorrer os questionamentos: "o que é a minha vida?",

---

8 *Douglas C. McMurtrie, editor de* The Stone Wall, *filho de "Flo" e do professor. Publicou "Some observations on the psychology of sexual inversion in women" (1913), que descreve a história de Ruth Fuller Field e de outros personagens desta narrativa.*

"quem sou eu?". Creio que essas perguntas perturbam a todos.

Na infância e na adolescência, os mais velhos previam grandes coisas para meu futuro. Por vir de uma longa linhagem de artistas, tanto na pintura quanto na música, acreditava-se que eu tinha o dom para continuar essa tradição, pois havia produzido algumas obras promissoras com meus pincéis.

Por ser a única criança na família que prestava atenção quando meu pai e os outros cantavam, sem ser forçada a isso, e por ter nascido com voz para o canto, a música seria meu ponto forte. Ainda menina, costumava ficar hipnotizada pela música de Chopin, tocada por uma amiga íntima da família, o que era considerado inusitado para uma criança. Até cantarolava partes da minha composição favorita do grande mestre para que ela soubesse exatamente o que eu queria que tocasse.

Durante uma crise grave de reumatismo inflamatório, por volta dos 12 anos, quando nenhum opiáceo era capaz de aliviar minha dor, meu pai passava quase a noite inteira sentado ao piano, tocando muito suavemente, principalmente a harmonia, pois as músicas que já conhecia me deixavam agitada. Com isso, eu dormia em paz.

Minhas irmãs, é claro, achavam que eu casaria bem. Pobrezinhas! Elas provavelmente sabiam onde haviam fracassado. Do ponto de vista carnal, houve muitos que foram rejeitados e acabaram famosos, alguns, ricos, outros, patifes. Então vejam vocês.

Meus irmãos? Bem, eles sabiam que eu seria sempre uma "Maria-moleque", o que era muito divertido para eles quando tínhamos idade para brincar juntos, mas que se transformou em ofensa e acusação nos anos seguintes, quando era raro que uma menina preferisse brincar com os meninos.

Minha querida mãe? Quase levada à loucura por preocupações financeiras e de outras naturezas quando nasci, a última de nove filhos, o que só entendi mais tarde. Mas para mim, ela era disciplinadora e temida, aquela que administrava palmadas com frequência. O que ela imaginava para meu futuro? Nunca soube.

Em certa ocasião, fui entregue a meu pai com a ordem de que cumprisse seu papel na forma de uma sova. Muitas vezes eu sabia por que estava sendo castigada. Nunca entendia por que deveria ser machucada, pois o que havia feito, como hoje sei, era apenas a coisa natural que faria qualquer criança normal, uma criança com a qual se podia argumentar e para qual seria possível demonstrar por que agir daquele modo era indesejável. Mas, naquela ocasião, lembro claramente que não fazia a menor ideia do motivo de ser castigada.

Era simplesmente avassaladora a ideia de meu pai, que sempre fora um grande amigo, me machucar. Fiquei olhando para ele fixamente, antes e depois da surra. Não emiti um único som. Simplesmente fui embora, uma criança triste e solene.

Sentada no meu canto, refletindo magoada sobre o que acontecera, escutei-o dizer para minha mãe:

— Nunca mais me peça para castigar essa criança, pois não vou.

Aquela frase eliminou todas as dúvidas e restaurou minha confiança nele. Eu sabia que víamos a coisa do mesmo jeito, embora nunca tivéssemos conversado sobre o assunto.

Todas as demonstrações de carinho que recebi na infância vieram do meu pai e da minha irmã mais velha. Eu era naturalmente afetuosa e foi sempre um conforto demonstrar meu carinho por esses dois por toda a minha vida, ou melhor, por toda a vida deles.

Meu pai se alegrava quando havia a perspectiva da chegada de um novo membro à família. Anos mais tarde, minha mãe me contou que ele caiu em prantos quando descobriu que não teria mais filhos.

Esses castigos aparentemente injustos impostos pela minha mãe nunca destruíram o afeto profundo que sempre tive por ela. Quando a via sofrer, seja de dor física ou de angústia mental, como em muitas oportunidades, eu me despedaçava.

Alguns anos antes de eu nascer, e enquanto estava grávida do irmão que descrevi como o líder do nosso clã, três crianças morreram. Um era ainda bebê, com cerca de dois anos, de crupe membranosa. Outra foi uma linda menina, a julgar pelo retrato dela que meu tio pintou quando ela estava com doze anos. Ela morreu de um primeiro ataque de reumatismo inflamatório. Quando tive a mesma doença, com a mesma idade, todos naturalmente temeram muito pela minha vida. Sofri de muitos ataques dessa enfermidade terrível durante a minha existência, mas por alguma razão desconhecida fui poupada. Um rapaz de dezesseis foi o terceiro filho a morrer naquele ano triste.

Como sofria ao ver lágrimas nos olhos de minha mãe... Essas crianças morreram antes de eu nascer, então é claro que eu não tinha como compreender por que haveria tantos momentos de tristeza por causa delas. Nunca soube reconfortá-la como eu tanto queria, do meu jeito bobo de criança, jogando meus braços em volta de seu pescoço e beijando-a. Qualquer tentativa de demonstrar carinho era recebido com um: "Chega! Chega! Não seja boba!". Ela podia ansiar por aquelas carícias, mas sua formação puritana estrita, que considerava tabu emoções desse tipo, deve ter surtido efeito. Apenas uma vez eu me senti próxima, quando ela deixou transparecer uma suavidade que eu nunca pensei estar presente em sua natureza.

Quando deixei meu marido e saí de casa após o segundo parto, ela percebeu que eu não voltaria àquelas condições. Aprovou a decisão que tomei e me entregou uma carta para ler mais tarde.

Nessa carta, ela abriu o coração de uma maneira inesperada. Disse que desejava me abraçar e expressar todo o amor e solidariedade que sentia, mas que simplesmente não conseguia, e acrescentou mais expressões de carinho e ternura.

Foi a mim que ela procurou em seus últimos anos, e foi uma alegria lhe proporcionar um teto e cuidar dela. Aceitou minha vida conforme eu havia escolhido viver. Adorava a amiga com a qual compartilhava a casa como uma filha. Além de tolerar que fumássemos, um hábito que formei cedo na vida, ela até gostava de me ver fumar, pois se lembrava de meu pai, que falecera vários anos antes. Todos diziam que eu era muito parecida com ele. Ele vinha de uma família inglesa e não tinha aquelas ideias puritanas. Ainda assim, tive uma profunda reverência pelas questões espirituais.

Houve três ocasiões em minha infância que provocaram pavor e me causaram mais dores de cabeça do que qualquer outra coisa que eu consiga lembrar. Aconteceram com regularidade angustiante.

A primeira, quando encontrava minha mãe diante de um bauzinho velho de couro, chorando sobre os brinquedos e as roupinhas das crianças que haviam morrido. A segunda, na primavera, quando as primeiras flores da incomparável epigeia eram trazidas por nós, as crianças, cheias de alegria por ter encontrado as florezinhas que passaram semanas cobertas de neve, e eram depositadas sobre os três pequenos túmulos. E vinham mais daquelas lágrimas que eu não conseguia secar dos olhos de minha mãe! A terceira ocasião era no domingo de comunhão, quando as lágrimas caíam de seus olhos ao colocar o pedaço de pão na boca e provar algo de um copo. Era uma igreja unitarista, onde o pão e o vinho eram passados de banco em banco.

Éramos levados à igreja todos os domingos, e lembro-me de sempre espiar o grande púlpito ao entrar a fim de ver se as horríveis taças de prata e os pratos cobertos estavam sobre a mesa. Que alívio quando via flores, não aquelas coisas que sempre traziam lágrimas aos olhos de uma pessoa que tanto amava. Eu ia à igreja com esse medo no coração. Não fiquem pensando que minha mãe fosse dessas que vivem chorosas. As lágrimas raramente escorriam e, quando acontecia, eram tão tristes e silenciosas que eu sentia uma facada no coração.

Por que as mães não oferecem uma explicação simples para uma mentezinha curiosa, algo que ela seria capaz de entender? Estou entrando em detalhes para mostrar a crueldade que é não fazer isso. Quando uma criança tem idade suficiente para perguntar, ela é inteligente o suficiente para receber explicações.

Por muitos anos, por causa do pranto de mamãe, pensar em comunhão só me provocava intolerância.

Quando me via fumando, acho que lembrava das muitas palmadas que me dera por aquele hábito. Será que as palmadas serviram para alguma coisa? Eu não enxergava consistência alguma em me baterem por algo que meu pai fazia, e que diziam ser ruim. Não era ruim. Quando criança, eu sabia disso. Não fumei porque meu pai fumava. A maioria das crianças, meninos e meninas, experimenta o fumo no início da vida, às escondidas. Alguns gostam e continuam. Eles descobrem que não morrem e não ficam mal. Foi o que fiz, e continuei fumando, pode-se dizer, por toda a vida.

Quando se ensina às crianças que um hábito as prejudica, seja nos esportes ou de alguma outra maneira, elas optam por parar de fumar, mas nunca param porque alguém diz que é ruim ou imoral. Elas não caem nessa. O mesmo vale em matéria de sexo. Quando a única explicação que a criança recebe é uma sova e ser chamada de "travessa", ela embarca sozinha em muitas viagens desastrosas de descobrimento.

Pensando na velha igreja da minha infância, lembro-me de um incidente que encheu minha alma de alegria e que entendi perfeitamente o porquê.

Meu pai cantava no coro, assim como o sr. Wiggins, que já mencionei. Um domingo, durante um solo de papai, aconteceu algo tão estranho que fiquei apavorada. A voz dele fraquejou por um segundo e o coro continuou com seu solo.

Enquanto voltávamos para casa, perguntei por que ele parou. Ele ainda estava claramente perturbado e disse que o maldito dente que estava por um triz caíra dentro da boca. Ele ficou com tanto nojo que simplesmente cuspiu-o dentro da igreja mesmo, o mais longe que pôde, e jurou que nunca cantaria em público de novo. E assim aconteceu.

Achei aquilo engraçadíssimo, e minhas gargalhadas com aquele episódio quase fizeram a carruagem lotada virar com toda a família dentro. Imaginei o diácono tirando o dente da orelha; ou uma avó ou tia qualquer tirando-o do seu chapéu de domingo, e então passando o resto da vida à caça do banguela da primeira fila. Até meu pai teve que dar risada. Tenho certeza de que minha mãe também torcia para que a risada acabasse com seus planos de abandonar o coro, já que sabia que essa era a única motivação para ele ir à igreja.

O tipo de religião da minha mãe exigia o comparecimento regular à igreja; enquanto a natureza espiritual do meu pai, que, creio, era absolutamente tão profunda quanto a da minha mãe, se satisfazia com os grandes espaços abertos, onde podia adorar as obras de Deus à sua maneira. Meu pai tinha um amor intenso pelas flores e por todas as belezas naturais, e hoje percebo que minhas caminhadas com ele, nas raras ocasiões em que não precisava ir à igreja, tiveram uma influência muito maior no meu desenvolvimento espiritual do que estar na igreja, quando sempre temia um culto que provocaria lágrimas. Ainda sinto nitidamente a alegria de ir direto ao local onde cresciam as raras flores selvagens no instante em que estariam perfeitas. Quando me perguntava como meu pai sabia exatamente quando elas estariam em flor, ele me oferecia uma bela concepção sobre o modo como os planos de Deus eram executados quando os seres humanos não interferiam. Essa grande verdade era tão lógica na minha mente infantil que costumava repetir para mim mesma, quando as flores do jardim não correspondiam às expectativas, que era porque não tínhamos feito o que Deus faria. Como seria maravilhoso se essa lição pudesse ter sido aplicada a outros problemas das crianças!

Quando me dou conta das oportunidades maravilhosas que tivemos para que meu pai me ensinasse sobre desenvolvimento físico, e sobre a concepção e a criação do ser humano. Pensar em como poderia ter me explicado a vida com tanta beleza e dissipado minha natural curiosidade de criança me faz chorar até hoje. Eu não era jovem demais para ter entendimento, mesmo em uma idade em que ele costumava me carregar nos braços para poupar meus pequenos pés cansados.

Contudo o que perdi creio que outras crianças ganharam, pois tive o privilégio, a pedido dos pais, de apresentar essas verdades a muitos meninos e meninas, de modo a dissipar a ideia de que havia qualquer motivo para vergonha no conhecimento sobre a concepção e o desenvolvimento do ser humano, assim como não havia para a criação e o desenvolvimento de uma flor perfeita.

Esse breve retrospecto pode ter alguma influência sobre a formação do meu caráter, que sempre considerei tão complexo e desorientador.

É possível que eu esteja me entregando a uma tendência muito comum na velhice, a de ceder à ideia de "isso me lembra". Quantos eventos abarrotam a mente! Eventos que foram arquivados por tanto tempo junto com as coisas que lutei toda a vida para esquecer, e acreditava ter mesmo esquecido! Será que alguém um dia esquece uma única sensação que seja relacionada a questões de sexo? E não é estranho que sensações tão inesquecíveis raramente sejam traduzidas em palavras?

E assim me pergunto qual foi, dos meus muitos "eus", o meu verdadeiro "eu", ou se tenho um. Participei de empreendimentos diferentes, ou ocupações diferentes, em períodos que parecem ter durado, em média, cerca de cinco ou seis anos. Sei que tive sucesso nas posições que ocupei, não para benefício financeiro próprio, mas com relação ao trabalho em si. Nunca aceitei nenhum emprego sem acreditar totalmente nele. "Você nasceu para esse trabalho", eu costumava ouvir meus amigos dizerem. Na época, eu achava o mesmo. Em seguida, vinha o desejo recorrente por mudança que eu não tinha como conter. Parecia que todo o meu ser era virado do avesso e que eu estava fadada a ser outra pessoa. Eu pedia demissão por iniciativa própria, e para tristeza e decepção evidentes dos meus empregadores.

Estou naturalmente deixando de fora detalhes daquele lado da minha vida que sempre foi um livro aberto. Refiro-me a isso para tentar responder à pergunta, "esse era o meu verdadeiro eu?". Ao discutir o lado sexual da minha natureza, faço a mesma pergunta.

Relembrando minha vida como faço agora, perto do fim, sinto que todos os lados são reais, que nenhum estaria completo sem o outro. A ética social declara que deve haver uma forte separação entre os aspectos espirituais e materiais da natureza do indivíduo, com um oculto, por assim dizer, mas se ambos fossem transformados em livros abertos e todos os enganos e mentiras fossem abolidos, haveria mais seres humanos normais no mundo.

Voltemos às revelações da minha jovem amiga. As pessoas sempre confiaram em mim. Creio que eu soube compreender os problemas humanos. Nunca traí a confiança que as pessoas depositaram em mim. Não estou indo além de generalizações. Nada do que estou dizendo se baseia em pesquisas detalhadas sob o comando desta ou daquela fundação, nem em estatísticas recolhidas de crianças ou adolescentes que nunca contariam a verdade sobre essas questões. Escrevo sobre experiências reais que vivi e experiências reais relatadas a mim por terceiros.

Há poucos problemas que encontrei e combati sozinha durante a vida, e creio que talvez a experiência possa ser a melhor professora.

Muitas mulheres me contaram sobre sua insatisfação sexual no casamento — a relação sexual, que aparentemente traz paz e tranquilidade ao marido, serve apenas para excitar o desejo da esposa até perto da loucura. O homem satisfeito dorme serenamente, enquanto a esposa ao seu lado está desperta e desconsolada; depois desenvolve um problema nervoso e recorre a medicamentos para acalmar o que a natureza pretendia ver acalmado de uma maneira completamente diferente.

Por que não se pode separar o amor e o desejo totalmente? Eles não podem ser um quando o principal atributo do amor é se entregar pela alegria e felicidade do outro, enquanto que o desejo se dedica unicamente ao prazer egoísta da satisfação física. Uma dor de garganta ou de cabeça, uma dor nas costas ou um joanete, são tratados clinicamente e aliviados. Em comparação com o sofrimento desses males menores, quem entre aqueles que já sofreram as torturas do desejo sexual insatisfeito, que ataca todo ser humano em algum momento como uma doença perfeitamente natural, como poderíamos chamá-lo, não gostaria de receber um remédio "perfeitamente natural" e legítimo para esse sofrimento?

A mulher precisa desse alívio tanto quanto o homem, não obstante o que dizem as ideias populares antiquadas.

A ciência médica sabe por que tantas mulheres, jovens e velhas, estão confinadas em manicômios. É por causa do desejo sexual insatisfeito.

Certamente não foi o desejo sexual que me levou ao altar. Nunca sentira nenhum desejo por um homem, provavelmente devido às minhas primeiras experiências infelizes, mas em minha ignorância, achava que era a única mulher que não tinha esse desejo.

As obras científicas sobre esse assunto em geral são cheias de termos técnicos, envolvendo significados ocultos e baseadas quase inteiramente em teorias. Creio que poucos se atreveram a ir direto à fonte com a franqueza que estou aplicando aqui. Assim, esses livros não surtem nenhum efeito entre os leigos, a cujas mãos raramente chegam.

Velhas conservadoras, agarradas a ideias obsoletas, ficarão horrorizadas em pensar que outra mulher de idade, mas menos antiquada, ousou revelar fatos dos quais guardaram segredo nos seus corações hipócritas. Foi o que fiz por toda a vida, como bem sei. É claro que existem muitas pessoas que nunca enfrentaram os problemas descritos neste livro. Por outro lado, espero que as experiências reais de uma mulher comum, cuja sinceridade torço para que seja reconhecida por todos, escritas sem segundas intenções, resolvam problemas semelhantes para meninas e mulheres em situações parecidas, e também as ajude a entender os problemas enfrentados pela juventude do nosso país, para que possam compreender e ajudar os próprios filhos.

CAPÍTULO XV

Durante vários anos, minha escolinha me manteve na cidade, perto das minhas amigas. A esposa do professor não era presença ativa na minha vida, no entanto, desde a noite em que fiz minha última tentativa desesperada em busca da maternidade.

Ninguém pode imaginar o quanto sofri, sofro e sofrerei por não ter conhecido a alegria de ter um filho vivo. Lembrando a tristeza de minha mãe vendo os brinquedos e as roupas dos filhos que perdera, doei imediatamente todas as coisinhas que havia preparado tão alegremente para os pequeninos. Nunca mais me senti tentada a me casar, embora pretendentes, velhos e jovens, tenham aparecido em diversos momentos.

Minha amiga atriz ainda era a favorita e, apesar de eu morar no apartamento onde mantinha a escola, passávamos muitas noites juntas, ouvindo música e indo ao teatro, e outras no apartamento, onde tivemos momentos de namoro maravilhosos (ou assim achávamos).

Sabia que não era o amor ideal para a vida, aquele que eu sempre ansiara encontrar um dia, mas não era também mera atração animal. O desejo de fazê-la feliz, de uma maneira que nunca conhecera antes, era provocado por algum impulso maior, despertado por ouvir uma música maravilhosa ou por uma visita às diversas galerias de arte nas quais eu passava horas e horas. Quadros que vibravam com alma e atmosfera mexiam comigo tanto quanto uma bela música. A beleza me inspirava a trabalhar melhor e a ampliar minha perspectiva de muitas maneiras, a esquecer de mim mesma e de todos os sofrimentos. Na verdade, me sentia uma mulher melhor depois que admirava alguma grande obra de arte. Por mais difícil que seja de acreditar, eu sentia uma verdadeira elevação espiritual, algo que nunca vivenciara através dos canais eclesiásticos tradicionais.

Corot foi e sempre será meu ídolo no mundo da arte. Foi uma alegria desempenhar determinadas funções de secretariado em uma galeria de arte onde podia absorver e estudar quatro das obras mais famosas do artista. Fui grata por ter herdado do meu pai o amor e a admiração por essas pinturas. O pai da minha chefe havia recebido as pinturas em troca de uma dívida e legado-as, com muitos milhões de dólares, à filha, que não tinha noção do que fosse arte.

Não posso me abster aqui de uma breve lembrança. Durante esse período do meu trabalho, fui contratada para comprar um pequeno tapete que coubesse em um lugar especial dessa galeria de arte. Imagine a emoção que senti quando descobri um pequeno *bukhara*[9] com uma cor e uma textura que poderiam derreter na boca, ou melhor, no coração! Derreteu no meu, então pedi que fosse enviado para aprovação. No entanto, não houve entusiasmo especial quando foi apresentado, mas foi colocado no chão por consideração. O prazer que tive com aquele pouco de cor durante o dia todo é indescritível. Primeiro, à luz do sol brilhante, depois à sombra; um instante sob as velas, em seguida, sob o fulgor das lâmpadas elétricas. Era sempre uma nova emoção.

Foi o meu dia do tapete. O tempo nunca apagou a alegria daquele momento. No dia seguinte, o tapete foi devolvido, com o comentário displicente de que uma empregada descobrira que estava ligeiramente desgastado em um ou dois lugares, prova de que haviam tentado tapear uma secretária ingênua com um tapete usado. E assegurando que ela nunca mais compraria nada de uma empresa que lhe mandasse um tapete de segunda mão! Nem sequer tentei explicar. De que adiantava? Ela provavelmente nunca soube que o mesmo tapete foi depois colocado em uma coleção maravilhosa, e que pagaram por ele um preço muito mais fabuloso do que aquele que lhe foi oferecido.

Creio que mencionei o fato de ter ficado em péssimo estado após meus dois partos. Eu precisaria me recuperar antes de conseguir continuar a trabalhar e me sustentar. Depois de meses de tratamento, finalmente

---

9   *Tipo de tapete produzido no Uzbequistão.*

estava pronta para a operação que restauraria ao normal a obra dos "açougueiros" do interior, como o especialista os chamou. A operação foi muito complicada, mas após algumas semanas no hospital, o médico declarou que os resultados haviam sido satisfatórios e disse que eu estava nova em folha.

Perguntei se considerava prudente que eu tentasse ter filhos outra vez e ele respondeu que não haveria perigo algum. Acho que posso ter feito essa pergunta como uma maneira de me testar, e também para me certificar da falácia dos médicos que pronunciam essas palavras fatais para tantas mulheres. Se tivesse então a sabedoria que tenho hoje e se as opiniões da humanidade tivessem sido diferentes, estou convencida de que poderia ter tido um filho com um pai escolhido para a ocasião. Sei, no entanto, que é preciso resolver uma série de questões antes que o método possa ser completamente justo para a criança.

Meus contatos na cidade fizeram com que eu me considerasse cada vez menos uma monstruosidade sexual. Convivi bastante com pessoas que viam apenas o lado feminino da minha natureza.

Mais ou menos nessa época, meu marido se divorciou de mim, alegando abandono de lar. Eu poderia ter revidado com um processo exigindo pensão mas não tive vontade de fazê-lo. Eu ficaria contente (por ele) se quisesse se casar novamente então não protestei e nem sequer compareci. Meu advogado me notificou que o divórcio fora concedido e que eu estaria livre para me casar novamente.

Amigas e pretendentes insistiram para que eu me casasse, mas estava absolutamente decidida que nunca mais suportaria a intimidade de um marido, e sobre isso nunca mudei de ideia.

Conheci muitos homens charmosos. Desfrutei de suas companhias e sempre me senti mais à vontade em um grupo de homens do que com um bando de mulheres. Eu enxergava a vida através dos olhos de um homem. As mulheres, individualmente, me interessavam; mas os homens, nunca. Não me apaixonei por nenhuma mulher, mas estava sempre em busca do meu par perfeito, que acreditava existir em algum lugar. A mentalidade e os gostos eram as considerações mais importantes, e foi uma longa caçada.

Aqui se inicia aquela que considero a época mais importante, e provavelmente a mais significativa, da minha vida. A essa altura, eu estava decidida que o papel masculino me atraía muito mais do que o do sexo feminino que tentara interpretar com tão pouco sucesso. Acreditava que "o mundo é um palco".[10] Interpretava os diversos papéis que recebera, ou que escolhera sozinha, o melhor que pude. Até então, eu tinha sido uma má gerente da minha própria vida. Meu trabalho sob a orientação de um chefe era sempre mais do que satisfatório.

Apesar desses fatos, senti o desejo de virar minha própria chefe, e não apenas no mundo dos negócios. Eu

---

10 *Shakespeare,* Como gostais: *"O mundo é um palco, / todos os homens e mulheres são meros atores: / todos têm suas entradas e saídas / e, a seu tempo, um homem desempenha muitos papéis".*

queria também estar plenamente no controle da minha natureza emocional, a qual comecei a entender um pouco melhor.

Gostava de divertir crianças, e certa vez encontrei um brinquedo fácil de montar e que as deixava encantadas. Ocorreu-me que esse brinquedo tinha uma área de papel que poderia ser utilizada para fins publicitários. Fui para a casa dos meus pais, para grande alegria deles, a fim de testar minha ideia. Produzi alguns desses brinquedos e me dirigi até a cidade grande mais próxima para experimentá-lo: em um dia, vendi quarenta dólares[11] em anúncios, saldo que seria todo meu depois que pagasse as despesas.

Comprei papel suficiente a preço de varejo para fabricar alguns milhares desses brinquedos, e descobri que não tinha nenhuma dificuldade para vendê-los, onde quer que fosse, em todas as cidadezinhas da vizinhança. Estava convencida de que teria um bom negócio se cuidasse dele sozinha. Comprei uma tonelada de papel diretamente da fábrica, ensinei algumas pessoas a fazer os brinquedos e registrei um pedido de patente, que obtive posteriormente.

Comecei a produção e saí para vender o produto em cidadezinhas da redondeza e cidades grandes mais próximas. Recebia pedidos para onde quer que viajasse, e logo tive que comprar algumas máquinas simples para acelerar a fabricação, e em seguida, a entrega.

---

11 *Equivale a aproximadamente seiscentos dólares de hoje.*

Foi uma experiência muito interessante, além de lucrativa. Naquele tempo, uma mulher vendendo era algo desconhecido. Eu vestia sempre um terno sob medida, com camisa e gravata de homem, e usava um chapéu fedora.

Quando entrava em uma loja, pedia para falar com o proprietário e apresentava meu negócio. Era divertido ver clientes, funcionários e outros vendedores, enfim todo mundo "parar, olhar e escutar". Ali estava uma senhora, aparentemente culta, falando um inglês elegante, vendendo algo que ela mesma inventara! Era inédito. A facilidade com a qual vendia o brinquedo surpreendia todo caixeiro-viajante que estivesse na loja quando eu entrava. Sempre pedia que concluíssem seus negócios antes de tomar a palavra, mas eles ficavam tão curiosos para ver o que eu estava fazendo que insistiam que eu falasse primeiro.

Eu me hospedava nos melhores hotéis, e muitas vezes, durante o jantar, os caixeiros vinham a minha mesa, se apresentavam e começavam a falar de negócios. Eles haviam me visto promovendo o brinquedo e queriam vendê-lo também.

Estava ansiosa para encontrar alguém que pudesse vendê-lo, pois, ao mesmo tempo que era interessante trabalhar nas vendas, estava claro que me interessaria muito mais por sentar-me no escritório e administrar um negócio muito maior. Para isso, no entanto, precisaria recrutar uma equipe eficiente de trabalhadores.

Fechei acordos comerciais com vários desses caixeiros, mas por algum motivo, eles não conseguiam vender o brinquedo. Percebi então que as vendas teriam que ficar comigo. Meu sucesso provavelmente se devia ao fato de ser a inventora e também, talvez, de ter um pouco de personalidade, sempre um grande fator na venda de ideias.

Fiquei satisfeita com a atitude desses caixeiros. Na época, eles eram considerados atrevidos com as mulheres, e pude comprovar essa tese durante as viagens. Mas comigo era diferente. Eles eram cordiais, e nunca recebi nenhuma tentativa de flerte. Abordava-os de homem para homem, e eles respeitavam minha atitude. Estava contente por raramente precisar fazer negócios com mulheres. Elas me viam com certo grau de desaprovação, e era evidente que meu vestuário sóbrio não as atraía. Ampliei meu campo de operações e comecei a entrar cada vez mais no tipo de negócio em que podia vender o brinquedo aos milhares para uma empresa em vez de buscar vários anunciantes para um brinquedo.

Escrevo sobre essa experiência apenas na medida em que me leva à "grande aventura", por assim dizer.

Durante esse período de mais de um ano, minha natureza emocional ou sexual permaneceu dormente. Mergulhei nos negócios de corpo e alma, pois acreditava nisso. Alcancei o sucesso financeiro e consegui gerar empregos para muitas mulheres na minha cidade.

Quando entrava em contato com elas durante esse período, via essas mulheres como uma massa de pessoas, nunca como uma mulher específica. Elas eram motivo de perturbação, pois causavam dificuldades nos negócios. Era difícil fazer com que esquecessem, na visão delas, as excentricidades do meu vestuário.

Por outro lado, era fácil reconhecer que a "caixeiro-viajante" era a maior emoção em suas vidas limitantes atrás daqueles balcões cansativos. O fato de as mulheres não me atraírem durante esse intervalo pode não ser significativo, uma vez que, naturalmente, não tive contato social com nenhuma, então nunca conheci alguma que "falasse minha língua", por assim dizer. Além disso, é mais uma prova de que a sexualidade não dominava minha mente.

CAPÍTULO XVI

Meu trabalho me deixava cada vez mais perto da grande metrópole, onde pude assinar um dos maiores contratos da minha carreira. Se tivesse sucesso com essa grande loja de departamentos, venderia cem mil unidades. Seria uma longa negociação, e como estava completamente absorta pelos negócios, preferi me hospedar em um hotel a ficar com qualquer uma das minhas amigas.

Por que escolhi me hospedar em um hotel que aceitava "somente mulheres", e era ainda por cima uma instituição com fundo religioso,[12] nunca atribuí a nada a não ser o destino.

---
12   *O hotel Margaret Louisa Home, instituição da Associação Cris-*

Na recepção, encontrei uma quarentona de maus bofes, sentada com uma expressão presunçosa. Ela se virou para mim com uma típica expressão "cristã" no rosto, que não conseguia esconder a língua cruel e intransigente. Ela já deve ter tido um coração, mas ele estava tão bem estofado sob o tecido adiposo que não deixava nenhum vestígio em seu rosto. Tinha a cara de quem largaria uma jovem nas ruas daquela grande cidade, tarde da noite, onde era uma estranha, apenas por não pertencer a uma fé que lhe desse direito a uma cama e um teto seguro. Como descobri mais tarde, isso havia acontecido várias vezes naquele hotel cristão!

Para mim ela foi cortês e sorridente e tinha uma expressão que dizia "estou ganhando um bom salário aqui só para ficar com essa cara de tal a tal hora". Ela perguntou o que eu desejava. Como eu havia esperado que a antipática atendesse outra pessoa antes de mim, eu notei, no canto bem escondido do escritório, uma menina mais jovem, sentada em uma banqueta, com as mãos sobre o rosto, as mãos mais bonitas que eu já vira. Ela choramingava com soluços reprimidos. As lágrimas pareciam vir não dos seus olhos, mas da sua alma.

Quando a mulher perguntou o que poderia fazer por mim, eu tive vontade de dizer: "Por favor, conforte aquela garota". Mas é claro que eu não faria uma coisa dessas em um lugar tão sagrado, então disse que queria

---

tão de Moças, recebia mulheres protestantes capazes de prover o próprio sustento. Para se hospedar no hotel, era preciso apresentar referências e pagar adiantado, com um limite de quatro semanas de estada para cada hóspede.

um quarto. Era julho, então não me surpreendi que o cômodo estivesse muito quente. Eu tinha muito em que pensar. Respondi com honestidade a todas as perguntas que me fizeram e recebi um quarto. Olhei ao meu redor e fiquei bem entretida com as advertências custosamente penduradas nas paredes. Li as palavras maravilhosas de Cristo, impressas e emolduradas, expostas ali para confortar os corações dos escolhidos que eram da fé "certa". Um apelo à caridade! Comecei a pensar na jovem em lágrimas. Como ela haveria de encontrar conforto quando a língua cruel sinalizava o vazio por trás da gordura, onde deveria haver caridade para todos.

Aquelas belas mãos continuaram gesticulando em minha mente até tarde da noite. O calor excessivo no quarto abafado também contribuiu para me manter acordada. Mas procurei não me concentrar no desconforto, já que me condoía de pensar naquela menina, cujas próprias mãos mostravam que estava fora do seu lugar. Eu estava admirada.

Só era permitido alugar o quarto por um dia de cada vez, mas apesar do calor, estava decidida a tentar ficar mais de uma noite, tudo por causa dos soluços de uma estranha.

Pela manhã, fui à recepção para descobrir se o meu status moral ainda estava à altura dos padrões e, sentada à escrivaninha, encontrei a menina de mãos lindas. As lágrimas tinham secado e ela me olhou com olhos que radiavam amor e bondade.

Ali estava alguém que não expulsaria uma pessoa por causa da sua religião, não fosse ela restrita por regras tão severas que seria impossível violá-las. E, mesmo assim, eu tinha certeza que ela sugeriria alguma forma de segurança.

Ela me olhou e perguntou gentilmente o que poderia fazer por mim, em vez de "o que eu queria". Respondi que gostaria de alugar meu quarto por mais uma noite. Quando descobriu qual quarto eu estava ocupando, ela me olhou admirada.

— Você é a primeira mulher a ocupar aquele quarto no verão que não chegou de manhã e reclamou do calor! Vou garantir um quarto melhor esta noite.

Os negócios me mantiveram na rua até o final da tarde. Para agradecer pela cortesia em relação ao quarto, e lembrando da angústia da menina quando a vi pela primeira vez, trouxe-lhe de presente um lindo buquê de violetas quando voltei.

Ela estava justamente "encerrando o expediente" quando cheguei à recepção. Como me deu um quarto melhor e mandou transportar minhas coisas, ela disse que me mostraria o aposento, pois estava indo para o mesmo andar. A garota ficou muito contente com as flores, e seus belos olhos me agradeceram mais do que seria possível com palavras. Descobri que o quarto ficava diretamente em frente ao dela.

Algo me disse que aquela era a menina dos meus sonhos. Não a estava procurando, ela simplesmente entrou na minha vida, e eu soube. Mas a questão era como convencê-la a ser meu par.

Não poderia haver nenhum choque. Era evidente que ela não estava em seu ambiente natural, que havia sido bem-criada, mas que, por alguma calamidade, estava agora engajada em uma luta corajosa e bem-sucedida.

Naturalmente, eu odiava a atmosfera daquele sepulcro caiado,[13] mas o ódio não se estendia àquele ser humano na recepção, então continuei hospedada, renovando o contrato diariamente, sem nunca pedir para mudar de quarto. Digamos que essa minha nova amiga chamava-se Juno. Encontráva-mos muitas vezes nos corredores, entrando ou saindo de nossos aposentos. Descobri seus horários por acidente e me peguei marcando compromissos de negócios para se encaixarem em outros que agora me pareciam muito mais essenciais. John Drew[14] estava prestes a estrelar em uma nova peça, então comprei dois ingressos para a noite em que sabia que Juno estaria disponível. Quando esbarrei com ela no corredor, contei que tinha os ingressos e pedi que tivesse piedade de mim, pois não tinha ninguém para me acompanhar. Ela hesitou. Disse que respeitava o costume da casa de nunca aceitar um convite para sair com hóspedes. Mas também estava louca para ir e, após um pouco de insistência, acabou consentindo.

Usava um vestidinho simples e encantador, perfeito para ela. Digo "vestidinho" apenas como uma expressão de carinho, pois Juno era mais alta do que eu, e suas proporções eram magníficas. Vesti meu único outro traje além do de trabalho, um belo terno preto com chapéu

---

13   *"Ai de vocês, mestres da lei e fariseus, hipócritas! Vocês são como sepulcros caiados: bonitos por fora, mas por dentro estão cheios de ossos e de todo tipo de imundície"* (Mateus 23:27).

14   *John Drew Jr. (1853-1927), galã do teatro norte-americano da época.*

também preto e camisa de seda branca. Chamei um cabriolé depois que nos afastamos do hotel, por medo de ferir os sentimentos das senhoras que não viam com bons olhos aquela amizade cada vez mais intensa.

Mal me lembro da peça. A essa altura, estava loucamente apaixonada por Juno e ansiava por abraçá-la e me declarar. Tudo me parecia tão natural e tão certo que eu me rebelava por dentro, é claro, contra a convenção que dizia "isso não se faz". Paciência era meu lema, pois a cada minuto tinha mais certeza de que havíamos sido feitas uma para a outra e que, com o tempo, ela saberia disso também.

Na volta, paramos em um hotel bastante conservador, onde era permissível e absolutamente respeitável que duas senhoras jantassem sem um acompanhante masculino. O jantar e a conversa estavam deliciosos, e nos demoramos à mesa, pois não havia "toque de recolher" para ela naquela noite.[15] Ela me contou sobre sua vida antes de assumir o cargo no qual a conheci. Como imaginei, Juno foi criada em um ambiente muito diferente. Era órfã e seus irmãos já haviam se casado. Teve um noivo e estava profundamente apaixonada por ele, mas surgiram motivos que a impediram de se casar, então decidiu-se por buscar consolo no trabalho duro, e também por nunca mais se casar.

Após essa primeira noite, quando, segundo ela, se divertiu mais do que em qualquer outra ocasião desde

---

15 *As hóspedes do Margaret Louisa Home não podiam chegar ao hotel após as 22h30.*

que saíra de casa, tivemos muitas conversas e caminhadas juntas. Um dia, mencionei as lágrimas que ela derramava na primeira vez que vi suas mãos. Ela riu e respondeu que lembrava bem daquela noite. Ela ouviu minha voz quando eu estava sendo sujeitada ao interrogatório e quis muito espiar, mesmo entre as lágrimas, mas não teve coragem com os olhos tão vermelhos. No entanto, assim que subi, abriu o livro de registro e descobriu meu nome. Talvez também tivesse a sensação de que um dia significaríamos mais que amigas uma para a outra. A seguir, ela me contou por que estava tão abalada naquela noite. Era sua primeira experiência com o mundo do trabalho, pois o parente rico que criara as crianças no luxo as deixara sem um tostão quando descobriu que estavam planejando se casar. Ela estava chorando por que uma senhora bem intencionada havia deixado vinte e cinco centavos de troco na mesa e dissera a Juno para ficar com o dinheiro! Ela achava que não haveria desgraça maior na vida do que ter de receber uma "gorjeta" de uma mulher comum. Não teve tempo de recusar, e não se atreveu a jogar a moeda de volta na mulher — uma mulher tão sem noção.

Agora meu caminho estava livre. Senti que se pudesse conquistar seu amor, poderia lhe trazer ainda mais felicidade do que esperava encontrar com o homem que ela supunha amar. Além disso, eu não estaria, de maneira alguma, interferindo com nenhum plano de casamento futuro.

Era evidente que ela me considerava diferente de todas as mulheres que já conhecera, e que estava interessada e se sentia atraída por mim. Saímos para longas caminhadas juntas e fomos várias vezes a galerias de arte e ao teatro. Nossos gostos eram muito parecidos, e esse convívio foi o alicerce para meus esforços.

Meu contato com ela não me despertava desejo sexual. Eu ansiava por acariciá-la e por dar algum sinal do meu amor, mas ainda não podia agir.

As senhoras idosas, seguindo o padrão daquela que encontrei no comando do hotel quando cheguei, embora sempre bem-educadas comigo e aparentando terem gostado de mim, estavam sempre atentas para alertar Juno sobre formar uma amizade que poderia interferir com o trabalho. Juno era a única jovem na equipe. Elas morriam de medo que eu a levasse embora, porque, como todas as pessoas que conheciam Juno, também a amavam.

Juno estava completamente deslocada naquele lugar, mas se dedicava ao trabalho com um grau de entusiasmo que logo seria suficiente para destruir sua vitalidade. As senhoras não sabiam nada sobre mim além do que descobriram pelas minhas respostas quando solicitei um quarto no hotel. Disseram a Juno que, não obstante o fato de eu ser uma mulher charmosa, ela devia ser cuidadosa para não sucumbir aos meus encantos. Anos depois, sempre ríamos das precauções que elas haviam tomado para não a perder.

Nossa amizade cresceu. Ela costumava bater à porta do meu quarto antes de se deitar, após uma noite de plantão. Eu deixava a porta entreaberta para que ela visse que estava deitada na cama, lendo.

Sobre minha aparência pessoal?[16] se outra pessoa estivesse escrevendo, creio que diria o seguinte: ela tinha uma tez maravilhosa e uma pele suave. Cabelo castanho macio com cachinhos em torno da testa e do pescoço (hoje branco como a neve, ondulado na frente e com corte masculino) branco e com linhas retas. Não muito gorda (como estou agora), com mãos artísticas, também consideradas competentes. Uma figura correspondente à forma, em torno de "tamanho quarenta" na época. Graciosidade em todos os movimentos. Voz suave e bem modulada. Fala bom inglês, enunciando as palavras com facilidade, sem perder a clareza; entre outros adjetivos.

Certa noite, eu tinha afrouxado a gravata e o colarinho da camisa azul-claro (a cor estava muito na moda) e esperava impacientemente que minha menina terminasse o trabalho e aparecesse para me dar um beijinho de boa-noite, pois já tínhamos chegado nesse estágio. Eram beijinhos muito castos, no entanto.

Meus sentimentos por Juno naquele momento não eram eróticos. Meu coração clamava por ela e a queria como companheira. Estávamos em perfeita sintonia em todos os assuntos. Amávamos as mesmas coisas na música, na literatura e na arte. A música que ouvíamos juntas mexia com ela da mesma maneira que comigo, com uma emoção tão profunda que mal conseguíamos

---

16 *A foto de Ruth Fuller Field que acompanha esta edição foi extraída de* The Attainment of Womanly Beauty of Form and Features *(1904), um livro sobre beleza feminina editado pelo "frenologista prático" Albert Turner. É sua única foto conhecida.*

entender. Ocasionalmente, eu via relances de sua natureza voraz e passional e ansiava por abrir as portas daquela emoção reprimida.

Durante esse cortejo arrebatador, eu estava extremante ocupada com o grande contrato para meu brinquedo, mas preciso confessar que meu coração estava em outro lugar. Os pedidos eram suficientes para manter a equipe ocupada, então eu podia esperar — na verdade, em certa medida, era necessário que esperasse, pois um empreendimento daquelas dimensões envolve todo um maquinário complexo.

Minhas duas outras amigas ocupavam parte do meu tempo, mas meu coração e meus pensamentos eram tão completamente dominados por aquela que eu sabia ser a pessoa que procurei por toda a vida que não busquei oportunidades para uma possível retomada das intimidades com nenhuma das duas.

Eu esperava pacientemente o momento certo para declarar meu amor, até estabelecer um belo alicerce de amizade e afinidade, como deveria fazer qualquer amante sábio e normal.

Todos os dias, pensava em centenas de maneiras de nutrir a flor perfeita, que crescia e se fortalecia.

Finalmente, chegou o momento em que tive certeza de que ela me amava e também que estava "apaixonada" por mim (mas sem percebê-lo). Agora poderia contar, com toda a delicadeza, como estava profundamente apaixonada e qual seria o ápice desejado desse grande amor — que nosso lugar poderia mesmo ser uma com a outra, com um amor mais intenso do que ela jamais sonhou ser possível. Obviamente, ela ficou perplexa.

Meu beijo naquela noite foi mais intenso do que nunca, e seus lábios cederam ávidos aos meus...

Juno estava muito preocupada. Disse que me amava loucamente, mas nunca imaginou que poderia amar uma mulher assim, mais até que o homem de quem fora noiva. Ela se perguntava se eu era mesmo uma mulher. Garanti que era, e totalmente normal; contei sobre meus dois filhos e tudo o mais.

Falei sobre um possível casamento. Por que não? Eu havia refletido e argumentei que uma união de corações e almas constituía uma união real, que poderíamos chamar de casamento, se necessário. Minha experiência demonstrava que, para a maioria dos homens, e muito provavelmente para algumas mulheres, o casamento significava apenas a permissão legitimada de coabitar para o alívio do desejo sexual.

Eu acreditava que uma união entre duas mulheres poderia ser de um tipo superior e gerar uma felicidade e um bem mais garantido do que qualquer outro tipo de união. Naquela época, estava convencida de que eu era a primeira mulher a ver o mundo daquela maneira. Estou certa de que meus pensamentos giravam apenas em torno do tipo mais elevado de amor em toda a sua beleza.

Acordamos que seria melhor que nós duas ponderássemos sobre isso calmamente antes da decisão de nos unir em um pacto solene.

Tendo finalmente concluído o contrato no qual estava trabalhando, precisei ir para outra cidade, que ficava cerca de doze horas dali por via férrea. É claro, escreveríamos muitas cartas. A decisão de Juno naturalmente influenciara meu campo de ação futuro, como ela bem sabia. Encomendei flores e frutas que seriam mandadas para ela regularmente durante minha ausência e agi como um "amante" tradicional.

Ela também tinha muito a refletir antes de tomar qualquer uma das atitudes que havíamos contemplado. Seria necessário alterar seu trabalho, ou pelo menos reorganizá-lo, para que pudéssemos morar juntas. Planejávamos ter nosso apartamento; cada uma trabalharia em alguma coisa durante o dia, mas teríamos as noites em casa para nós duas.

A despedida foi difícil, pois nosso sentimento era recíproco e havíamos estado juntas por muito tempo, aproveitando cada minuto da companhia uma da outra.

Esperei um dia inteiro depois que cheguei à nova cidade antes de escrever para Juno. Assim, tive tempo de me tranquilizar, e ela, de refletir. A carta que escrevi certamente lhe deu pistas do amor que sentia por ela e, provavelmente, apresentou um retrato vívido de como seria nossa vida, se tivéssemos uma vida juntas. Na tarde seguinte ao dia em que fechei um excelente contrato com uma grande empresa local, recebi um telegrama de Juno: "Venha, cada pedaço de mim quer você", assinado com a inicial.

Cancelei meus compromissos profissionais para o dia seguinte. Descobri que tomando um barco noturno (meio de transporte de que eu nunca gostei), poderia chegar à cidade no início da manhã de um dia que eu sabia que Juno estaria livre. Mandei um telegrama pedindo que estivesse no nosso hotelzinho discreto em determinada hora, e que esperasse caso eu me atrasasse.

Como choveu aquela noite! Soube disso porque andei de um lado ao outro do convés durante a madrugada. Ainda caía um temporal quando, após um breve cochilo, retomei minha maratona impaciente com vigor redobrado.

CAPÍTULO XVII

O barco atracou e a chuva ainda caía. Chamei um cabriolé e pedi ao cocheiro para me levar a um atacado de flores, o primeiro que encontrasse no caminho para a região norte da cidade. Foi preciso um pouco de persuasão para convencer o atacadista a me vender um enorme maço de violetas, mas consegui, e segui correndo em direção ao meu amor. Só as violetas maravilhosas já teriam contado a história do que eu sentia por ela, pois representavam tudo que há de mais belo.

Juno estava esperando por mim no saguão do hotel, ansiosa, e com uma recepção ardorosa. Após as formalidades necessárias, nos mostraram nosso quarto. A sós, nossos braços envolveram uma à outra e nossos lábios se encontraram no primeiro beijo que era uma promessa de um grande e lindo amor. Ela adorou as violetas e, em nosso entusiasmo, foi difícil colocar os pés no chão e fazer alguns planos. Ela havia conseguido um dia de folga. Era um ponto importante a favor. Em seguida, sendo ambas pessoas muito normais, sentimos que era preciso tomar o café da manhã ao qual estávamos acostumadas. Fizemos um pedido delicioso, e então nos sentamos e comemos e amamos e conversamos e pensamos. Mas Juno ainda tinha dúvidas.

Depois que os pratos foram retirados, começamos a conversar sobre nosso amor. Tentei fazê-la enxergar que, para mim, não era um capricho passageiro e que acreditava que era um assunto sério para ela também. Discutimos todas as fases do casamento, e apresentei minha opinião, com base em minha experiência pessoal. Ela, obviamente, sentia que nunca deixaria um homem entrar em sua vida novamente. Assim, decidimos que uma união como a nossa poderia ser tão sagrada e completa quanto os casamentos mais convencionais, se não mais.

Sugeri que lêssemos a cerimônia do casamento como uma espécie de bênção para nossa união. O amor que tínhamos uma pela outra servia como uma base sólida para nossa vida. Não estávamos juntas pela satisfação do instinto animal. Havia uma harmonia real das nossas ideias e ideais e o subproduto delas, por assim dizer, seria o alívio físico do desejo sexual. Como sempre levava comigo meu livro de orações, nós duas lemos muito solenemente o ofício, acreditando em cada palavra.

Pode parecer incoerente que levasse um livro de orações nas minhas jornadas. Passei a fazer parte da Igreja Anglicana na época do meu noivado, pois era a congregação a que meu noivo estava ligado. O livro de orações foi um presente da minha querida irmã, que àquela altura já havia falecido. Apesar de sempre ter tido uma concepção profundamente espiritual da vida e um profundo respeito pelos ensinamentos de Cristo — sem dúvida nenhuma, fruto da influência materna, na época em que perdi meus filhos e os carolas insistiram para que acreditasse que aquela fora a vontade de Deus —, não nutria nenhum respeito por aquele Deus. É claro que eu interpretava a "vontade de Deus" de maneira diferente da deles, mas sua aplicação ao meu caso não me permitia enxergar nenhum sinal de justiça vinda de um Deus capaz de me criar com uma natureza tão estranha. Ao utilizar as palavras escritas naquele livro, senti novamente certo conforto em acreditar que havia uma força que trazia alegria, mesmo que viesse através de tristeza.

Ambas acreditávamos que eu era a única no mundo a desejar o amor de uma mulher. O tempo para meras conversas tinha acabado — finalmente eu havia encontrado quem estivesse disposta a retribuir às minhas carícias.

Ela também queria demonstrar seu amor, como eu demonstrei o meu. Enfim eu havia galgado o ápice do amor físico.

Os poetas escrevem e cantam sobre "aquele dia de amor" ou "aquela noite de amor", em palavras e tons que não conseguiriam expressar a glória do momento, então de que adiantaria eu tentar também?

Nós nos demoramos e amamos e descansamos, e senti que os desejos que surgiam não teriam fim. Eram a expressão de cerca de vinte e cinco anos de repressão das emoções em nós duas. Em um momento de sanidade, nos vestimos e saímos para passear, então almoçamos em um dos nossos restaurantes favoritos no parque, e voltamos para o quarto no início da tarde. Agora precisávamos planejar para o futuro.

Uma coisa era certa: moraríamos juntas. Se ela pudesse se arranjar para continuar com o trabalho e morar fora do hotel onde era empregada, seria melhor que eu ficasse na cidade e encontrasse um emprego que não fosse o de agenciar o meu brinquedo. Se eu continuasse com o negócio, isso envolveria viajar e ficar muito tempo longe dela. Assim, decidimos ficar na cidade. Eu sabia que perderia uma fortuna ao abrir mão do meu negócio, pois tinha certeza de que era um sucesso e que não havia limite para as vendas que conseguiria fechar pessoalmente. Infelizmente, ninguém nunca soube administrá-lo como eu. Mas eu havia encontrado meu par, e fortuna nenhuma me afastaria daquilo.

Juno tinha que voltar para o hotel naquela noite, e nossos corações se partiram quando tivemos que nos despedir. Eu não a veria até a próxima noite, quando esperava impacientemente o resultado da conversa com seus empregadores. No meio tempo, passei o dia à procura de um apartamento mobiliado para ser o nosso lar, e encontrei um adequado para mim e que achei que a agradaria também. No minuto em que a vi, soube que tudo estava bem. As senhoras haviam consentido com a mudança de planos, pois sabiam que, sem isso, perderiam o bem mais valioso para o sucesso do estabelecimento. Elas arranjaram para que Juno assumisse o turno do dia e tudo ficou bem. No dia seguinte, me encontrei com minhas amigas, que ficaram muito contentes em saber que eu reabriria a escolinha. Em alguns dias, havíamos nos mudado para nossa casa e estávamos incrivelmente felizes.

A mãe de duas das crianças que seriam alunas na minha escola tentou me convencer a viajar com ela e as crianças, como preceptora e acompanhante, a Roma por seis meses; e depois a Paris, por mais seis. Um ano na Europa! Antes de conhecer Juno eu teria concordado na mesma hora! Mas agora, o que era um ano na Europa em comparação com uma vida no paraíso?

Nossos dias não se resumiam a ansiar uma pela outra. Ambas tínhamos um verdadeiro prazer no trabalho, que fazíamos melhor do que nunca. Líamos bastante juntas, assistíamos às melhores peças, fazíamos longas caminhadas e vivíamos em um plano mais elevado do que jamais imagináramos possível.

Nossa vida beirava a perfeição. Parecíamos satisfazer cada necessidade e cada desejo uma da outra. A hipocrisia naquele hotel para mulheres a revoltava diariamente, mas Juno ainda dedicava o verdadeiro espírito de Cristo ao seu trabalho, e nele consolou e alegrou muitos pobres corações cansados.

Nossas almas e nossos corações se atraíam, e nossos corpos também. Ambas entendíamos que, sem o amor profundo e verdadeiro que sentíamos uma pela outra, a satisfação no contato sexual seria impossível. Isso era um resultado, não uma causa, do nosso amor e da nossa felicidade.

Desejávamos mutuamente estar sempre fazendo algum carinho na outra, fosse intenso ou não. Sabendo que poderíamos ter pequenas discordâncias, Juno confessou que, às vezes, perdia o controle, e que se viesse a errar, confessar o erro seria uma impossibilidade. Ela acreditava que não conseguiria dizer "me desculpe" e que havia suportado as torturas do inferno, obstinada nesse ponto, quando outros haviam tentado forçá-la a uma confissão. Ela me pediu, caso surgisse uma ocasião em que a culpa fosse inteiramente dela, que eu assumisse o papel de culpada; assim ela poderia me contradizer e declarar a própria responsabilidade. Parecia uma coisa boba, pois o reconhecimento de uma falha sempre foi uma das coisas mais fáceis para mim, mas não havia nada que eu não teria prometido, e com o tempo, essa pequena excentricidade veio a se tornar uma grande piada entre nós.

Levou muitos anos, entretanto, até termos a oportunidade de recorrer a esse joguinho.

Estabeleci minha escolinha no nosso apartamento, pois ficava sozinha durante o dia. Foi um grande sucesso, e a julgar pelos pedidos de matrícula que recebia de novos alunos, logo teria crescido além daquelas paredes. Pensei, no entanto, que não poderia garantir minha permanência, considerando o quanto minha vida estava ligada à de Juno. Sentia que não poderia fazer nada que interferisse em nossa vida e em nossos planos juntas. Outra oportunidade perdida por causa do meu grande amor pela mulher que guardava no coração.

Juno sentia uma repulsa crescente pelo trabalho, que era conduzido totalmente nas "regras semi-filantrópicas". Assim, partimos em busca de um emprego mais compatível para ela. Continuamos até a primavera, quando uma crise familiar provocou uma mudança em nossa vida.

A doença súbita e posterior morte de meu pai me obrigou a voltar para casa, assumir a situação e ficar com minha mãe, pelo menos por algum tempo. Antes disso, Juno conseguira um emprego de secretária em uma das mais seletas e elegantes escolas privadas de etiqueta (e era privada mesmo) da cidade. Eram escolas de fino acabamento (e, em alguns casos, acabavam com as meninas). O trabalho dela começaria no outono, o que se encaixava perfeitamente com os nossos planos. O que não estava em nossos planos era a separação, por isso Juno pediu demissão e eu tive que decepcionar mais uma vez os pais das crianças a quem estava ensinando. Desisti da escola e ambas fomos para a casa da minha mãe no campo.

Para ilustrar o fato de que problemas sexuais surgem bem debaixo do nosso nariz, embora muitas vezes sequer os percebamos, houve um incidente no pequeno apartamento onde Juno e eu começamos uma vida juntas.

Contratei uma jovem da zona leste da cidade, recomendada por uma lavadeira que empregávamos, para vir ao apartamento todas as manhãs e fazer o serviço da casa. Quase sempre era eu que cozinhava quando não saíamos para comer. O trabalho de Lizzie se iniciava na cozinha, ao lado da sala de jantar onde eu lecionava. Lizzie tinha uma perna de madeira, de modo que não conseguia arranjar um emprego fixo de criada. Ela ficou muito contente conosco e nós nos acostumamos às batidas da madeira no chão e aos ruídos normais da cozinha, de modo que já não atrapalhava na escolinha.

Um dia, ela veio trabalhar debaixo de uma chuva torrencial.

— Você está sem galochas — eu disse quando ela chegou. — Seus pés devem estar encharcados.

— Ah, meu pé *tá*, o *ôtro* não conta — respondeu.

Evidentemente, ela achava que seria um desperdício de dinheiro comprar um par de galochas quando um pé se beneficiaria e o "ôtro", não.

Certa manhã, foi necessário chamar um encanador para trabalhar na cozinha durante o horário da escola. Nós nos acostumamos às marteladas e outros ruídos relacionados ao trabalho, mas após algum tempo, comecei a perceber uma batida regular e um tanto desconexa. Toc-toc-toc! Fiquei intrigada, então abri discretamente a porta da cozinha, por pura curiosidade, enquanto as crianças cantavam. Para minha surpresa, encontrei Lizzie e o encanador em uma situação comprometedora, sendo que o homem seguia martelando ao mesmo tempo. Olhei para ele com uma expressão inconfundível e pedi que Lizzie fosse trabalhar na parte da frente do apartamento. Foi o que ela fez, saltitando com seu par de pernas dissonante.

À tarde, fui até a oficina do encanador. Ele havia acabado de abrir seu negócio e ficou com medo quando me viu. Conversei com ele sobre o caso, do ponto de vista da jovem. Ele disse que ela fizera tudo por livre vontade, mas logo viu que a coisa poderia ter resultados graves e que seriam a menina e a sua mãe as únicas a sofrer.

Ele se dispôs a colocar certa quantia de dinheiro nas minhas mãos, como garantia, por assim dizer, para ver o que aconteceria. Informei-o que se tudo ficasse bem, eu devolveria o dinheiro.

Quando tive certeza de que Lizzie não estava grávida, levei o dinheiro ao encanador e tive uma longa conversa com ele. Contei sobre minha conversa com Lizzie, de que só tinha feito aquilo porque "era uma maneira fácil de arranjar cinquenta centavos[17] para a mãe". O homem pareceu ter uma ideia enquanto conversávamos. Se lhe causei uma impressão duradoura, nunca saberei; mas, pelo menos ele me pediu para ficar com o dinheiro que me dera e entregá-lo para a garota, de algum jeito que ela nunca soubesse a origem.

Estava convencida de que o desejo sexual por parte de Lizzie não foi o responsável pelo incidente, mas ela estava disposta a vender o corpo por cinquenta centavos para satisfazer o desejo do homem e poder ajudar a mãe, que, é claro, nunca se convenceria de que a filha faria tal coisa. A sociedade ainda condena a mulher, mas considera que o homem está desfrutando seus supostos privilégios naturais e necessários.

Quando estávamos prestes a partir para o interior, Lizzie implorou para ir com a gente, e sua mãe ficou igualmente ansiosa para que fosse, então consentimos em levá-la. Pareceu-me uma boa ideia retirá-la daquele ambiente onde ela corria o risco de se entregar. Ela nos contou que, em toda sua vida, só fora uma vez ao

---

17 *Equivalente a quinze dólares de hoje.*

campo, sob o patrocínio de alguma instituição, e nos pintou uma imagem gloriosa de gramados verdes, nos quais poderia caminhar sem ser "perseguida pela polícia", e de flores que qualquer um podia colher. Respondemos que, naquela época do ano, encontraríamos apenas gelo, neve e lama, sem grama verde por muitas e muitas semanas; mas isso não fez diferença nenhuma para ela, que quis ir mesmo assim.

Pobre Lizzie! Não havia nada parecido com a imagem maravilhosa que levara consigo por tanto tempo. Deparar-se não com dias luminosos, mas com uma sombria e gelada fazenda na Nova Inglaterra foi demais para a pobrezinha. Ficou com saudade e desesperada por voltar para a "boa e *véia* Avenida A", então tivemos que mandá-la de volta. E nunca mais soubemos dela, pois assim terminou nosso contato com a favelada da perna-de-pau.

Como não teve outro jeito, assumi a responsabilidade de tocar a fazenda durante o verão. Com Juno ao meu lado, transformamos o trabalho em uma aventura maravilhosa. É claro que era cansativo, e nosso único ajudante era um rapaz de quatorze anos. Eu amei o trabalho, no entanto. Quando menina, costumava acompanhar meu pai e meus irmãos na lida da fazenda, então reaprendi tudo facilmente.

A vida no campo foi uma revelação para Juno. Ela não conhecia o interior nem fazia a menor ideia sobre agricultura, já que sua temporada de verão era em algum resort elegante, cuidadosamente cercada de babás ou damas de companhia. Mas ela não ficou com saudades da "boa e velha Quinta Avenida", como diria Lizzie.

O entusiasmo quase infantil de Juno e suas observações ingênuas eram uma alegria constante para mim e para minha querida mãe; as duas gostaram uma da outra desde o primeiro instante. Nosso amor e nossa amizade sempre foram uma fonte de felicidade para minha mãe. Seja por palavra, olhar ou ação, ela jamais deu qualquer sinal de desconfiar de que havia algo de antinatural na devoção que tínhamos uma pela outra. Como ela poderia saber que esse amor era possível, quando ambas acreditávamos que éramos as únicas no mundo a senti-lo?

Acreditávamos que nosso amor era o mais elevado tipo de amor humano, e a alegria que tínhamos uma na outra não parava de crescer. Hoje, na velhice, ainda acredito que, enquanto dura, tal relação é a maior e mais completa união de dois seres humanos.

Para nossos amigos, tínhamos "uma amizade ideal", e não conhecíamos nenhuma mulher casada que não invejasse a unidade de coração, mente e propósito que demonstrávamos para o mundo exterior. Mas ninguém conhecia a verdadeira união: a dos nossos corpos.

CAPÍTULO XVIII

No outono, após uma temporada extremamente bem-sucedida em termos de colheita, minha mãe decidiu que não poderia me deixar continuar com o trabalho duro de manter a fazenda apenas para lhe prover um lar. Disse que seria melhor que eu voltasse para a cidade, enquanto ela iria para Califórnia, onde morava um irmão que não teria como vir para Nova Inglaterra, mas que ficaria contente se ela fosse morar com ele e a família. Assim, depois que tudo, incluindo a fazenda e todos os pertences, foi vendido, e que minha mãe partiu para a costa oeste, Juno e eu voltamos para a cidade, acompanhadas de um pequeno *cocker spaniel* que Juno adquirira, para começar um novo lar para nós duas.

Desta vez, alugamos um amplo *studio* próximo da escola onde Juno começaria novas atividades. Foi interessante construir um lar aconchegante em um lugar que, à primeira vista, parecia um celeiro gigante. Aos poucos fomos transformando o lugar, e como nossos gostos eram parecidos, nos deleitávamos a cada nova ideia.

Retomei meus pincéis com um forte sentimento de que, talvez, ainda seria possível cumprir pelo menos uma das previsões feitas para meu futuro. Para complementar renda, comercializei minha arte e produzi cartões de Natal, cartas comerciais, cartões de mesa e assemelhados, que não me atraíam. Desenhar, eu amava. Mas quando descobri, após apresentar um item que prometia vender bem, que seria obrigada a duplicá-lo centenas de vezes, o trabalho se tornou muito monótono.

Minhas mãos se transformaram em uma espécie de máquina, enquanto a verdadeira alegria estava em pensar em meu grande amor. As horas que passávamos juntas, no entanto, valiam mesmo a pena. Durante a "alta temporada", eu tinha que trabalhar noite e dia, pois meus desenhos eram sempre populares e eu precisava aproveitar a oportunidade, deixando para as épocas mais paradas o tipo de pintura que realmente amava.

Eu parecia estar repleta das belezas da natureza que sorvera na infância, durante minhas caminhadas ao lado do meu pai. Ele costumava me levar para passear e assistir a um pôr do sol maravilhoso, não do tipo espetacular que chama atenção, e sobre o qual, certa vez ouvi alguém dizer: "Ah, é igual a uma pintura!". Poderia ter acrescentado: "Que maravilha a natureza, não é?". Mas as coisas que meu pai queria que eu visse eram os efeitos atmosféricos e a mescla das cores tênues, que pareciam cheias de profundidade e fascínio — um pinguinho de cor que só podia enfatizar os fundos tênues, mas ainda vibrantes.

Juno, claro, sempre achava que cada um desses "ensaiozinhos" era maravilhoso, mas sempre esperava ansiosamente pelos momentos em que eu poderia trabalhar com um modelo de verdade, não apenas com o que conseguia lembrar de memória.

Essas pinturas a óleo eram uma alegria para mim, pois muito de vez em quando eu parecia conseguir capturar alguma coisinha que me agradava. Às vezes meus amigos vinham vê-las, e sempre que manifestavam preferência por alguma, eu lhes dava de presente, feliz por alguém encontrar algo para admirar em minhas tentativas grosseiras de arte. A propósito, lembro-me de um dia, muitos anos depois das grandes mudanças em nossa vida, em que estavam me mostrando uma coleção de pinturas que um dos irmãos de Juno havia reunido e pendurado em sua sala de estar.

O tio multimilionário havia morrido e deixado alguns milhares de dólares a cada um dos sobrinhos. Ele tinha uma coleção maravilhosa de pinturas raras que doou para a cidade.[18] O irmão de que falei antes, queria muito imitar o tio rico e começou de trás para a frente, por assim dizer. Em vez de considerar uma coleção de arte como resultado de estudo e de investimento, adquiridas pelo trabalho árduo, decidiu usar boa parte da herança

---

18 *Quando morreu, em 1913, a fortuna de Benjamin Altman foi estimada em cinquenta milhões de dólares — ou 1,3 bilhão de dólares, em 2020.*

para comprar quadros. Para mim, a sala de estar mais parecia um setor de quadros de uma loja de departamento. Não havia um artista que me fosse familiar e, na minha opinião, as pinturas não tinham grande mérito. Eu estava muito constrangida, pois sentia que ele estava à espera do meu aplauso. Não disse muito, torcendo para que achasse que a emoção reprimida me deixara sem palavras. Finalmente, chegamos a uma telinha que me atraiu. Ali estava minha chance!

— É um Corot? — exclamei. — Que maravilha!

— É como o chamam — ele respondeu com um sorriso peculiar.

Quando me virei, vi que ele estava com uma expressão muito irônica, então perguntei qual era o motivo para aquilo. Fiquei com medo de ter cometido uma gafe horrível.

— Você não sabe mesmo quem pintou esse quadro?

Respondi que não. Ele acendeu uma luz mais forte e me puxou mais para perto da tela. Passei vexame quando enxerguei, no canto do quadro, minhas iniciais, que ali estavam por mais de trinta anos. Quando uma vez ele me dissera que gostava do que eu pintava, eu lhe dei o quadro de presente.

Ele disse que todos os que viam o quadro pensavam o mesmo que eu, mas não era nem sequer uma tentativa de cópia. Se fosse possível me transformar em cor, diria que algo em mim sempre esteve em perfeita harmonia com as expressões da alma de Corot sobre a tela, assim como meu coração sempre esteve em harmonia com os acordes de Chopin.

Naquele momento (lembre-se, foi trinta anos depois dos eventos sobre os quais estou escrevendo), senti a personalidade artística borbulhar dentro de mim com um dedo em riste a me castigar por ter ignorado o trabalho artístico, no qual, creio, eu tinha algum talento. Contudo voltemos ao apartamento onde, após passarmos o dia ocupadas, cada uma com o próprio trabalho, Juno saltava em meus braços ávidos de saudade para a nossa noite de amor e de paz.

Juno e eu acreditamos por algum tempo que seria inteligente receber nossos amigos homens de vez em quando e tratá-los como pretendentes, para enganar os amigos menos sofisticados sobre nosso amor uma pela outra, acreditando firmemente que aquilo era inédito no mundo. Para nós, era o tipo mais elevado de amor, no entanto, e não tínhamos nada a esconder do nosso ponto de vista.

O contato com os homens apenas aumentava o amor uma pela outra. Nunca fomos nem sequer tentadas a incluir um homem em nossa vida íntima. Ficávamos absolutamente entediadas quando uma de nós precisava aceitar um convite que nos separaria mesmo que por algumas horas.

Finalmente, passamos a recusar todos esses convites, e entendemos que, apesar de gostarmos de ir ao teatro e a concertos, preferíamos ir juntas. Com isso, ingressos, flores, doces e afins continuaram a fluir, mas para o nosso próprio desfrute. Frequentávamos jantares com nossos amigos homens, mas quando havia dois acompanhantes.

É possível que tenhamos sido egoístas com nosso tempo livre, um pouco para o desgosto da família e dos amigos mais antigos. Uma com a outra, nunca havia ato ou pensamento egocêntrico.

Uma velha amiga em comum, grande filósofa, cuja casa de campo visitávamos bastante no verão, vinha nos observando com atenção. Solteira, morava só com a criadagem. Jantávamos juntas regularmente uma vez por semana durante o inverno, e ela também jantava conosco. Disse-nos que, nos cinco anos em que estivera em nossas vidas, vinha tentando descobrir qual de nós duas era a egoísta, mas nunca encontrou uma resposta.

Como tínhamos mais ou menos a mesma renda, inicialmente decidimos ter apenas uma conta bancária. Quando nossos amigos descobriram isso, profetizou-se o fim da nossa amizade. Os homens, especialmente, disseram que nunca daria certo, que o dinheiro deveria ficar de fora de qualquer amizade, assim como não deveria se colocar entre marido e mulher. Apesar dessas advertências, nunca entramos em conflito por causa disso. As duas queriam que a outra ficasse com a parte de leão. Mas não havia leão nenhum. Tínhamos o que precisávamos e tudo era dividido igualmente.

Nessa união, meu papel masculino era muito natural para mim. Não que Juno tenha sido de se acomodar e me deixar fazer de tudo para ela sem mexer um dedo para fazer alguma coisinha por mim, como fazem algumas mulheres que conheço. Mas era nas coisas maiores que eu assumia a liderança. Em nossas viagens pela cidade e além, eu quem comprava as passagens, contratava os cabriolés, deixava-a entrar no bonde ou no recinto primeiro e garantia que ela teria onde se sentar, se possível. Não que essas fossem "grandes coisas", mas servem como exemplo da minha atitude de proteção, que era a essência da minha natureza.

Lembro-me de um incidente que pode ajudar a explicar melhor a questão. Anos após os tempos no apartamento de um quarto, voltávamos para casa juntas, após o trabalho, debaixo de chuva. Juno estava passando por seu incômodo mensal e eu estava extremamente ansiosa para levá-la para casa o mais rápido possível. Morávamos tão longe do centro que um cabriolé era impossível, dado o estado de nossas finanças. Fomos obrigadas a mudar de bonde em um cruzamento onde o nosso teria que virar a esquina antes de parar para nós. Os homens que esperavam o mesmo bonde subiam antes de ele virar a esquina, enquanto ainda estava em movimento. Quando chegava nossa vez, o bonde já estava lotado e tínhamos que ficar de pé. Um bonde se aproximava e enxerguei a oportunidade de garantir um banco. Disse a Juno para ficar junto a mim. Em seguida, quando o veículo se aproximou, agarrei a barra vertical (era um bonde aberto, pois era verão) e fiquei atrás para que ela conseguisse subir. Um homem veio por trás de mim e tentou empurrar meu braço para que eu soltasse a barra. Virei-me um pouco, sem abrir a mão, e dei no homem (bem vestido, com ares de cavalheiro) um encontrão com o ombro que o fez se estatelar na lama.

Juno sentou-se sem saber o que tinha acontecido. Passei por ela, sentei-me e então entrou o homem enlameado, que se sentou ao meu lado. Virei-me para ele e disse:

— Perdão, às vezes temos que esquecer nosso sexo, assim como você parece esquecer o seu.

— A senhora agiu certo e peço desculpas por esquecer meu lugar — ele disse, erguendo o chapéu educadamente e tirando meu fôlego com sua postura.

Era meu desejo deixar Juno confortável e feliz, e protegê-la de tudo que fosse desagradável. Nossa amizade era invejada por nossos amigos, tanto os casados quanto os solteiros. Era uma união ideal de duas almas.

As meninas da escola amavam Juno e, quando fui convidada a assumir a função de acompanhante durante algumas horas (ah, sim, aquelas meninas eram muito bem guardadas!), me interessei muito pela turma também, e tenho motivos para acreditar que também era popular entre elas.

Alguns dias após o início do período letivo, uma aluna nova, que chegara do Meio-Oeste veio procurar Juno aos prantos e, com lágrimas rolando pelo pescoço, declarou que precisava voltar para casa naquele mesmo dia. Ela simplesmente não podia ficar em um lugar tão infame. Estava chocada além da conta, era insuportável. Contou a Juno que sua colega de quarto, uma menina de uma classe acima dela, havia lhe dado uma "encostada" e por isso ela havia caído em desgraça para o resto da vida. Juno a consolou como pôde e a encaminhou para a diretora geral da escola, cujo dever era produzir meninas "refinadas". Essa diretora comentou com Juno que essa mesma menina daria a próxima "encostada" em alguém em menos de duas semanas. As garotas dessas "escola de etiqueta" chiques são excelentes professoras. A diretora estava certa. A senhorita Meio-Oeste fora iniciada.

Juno e eu gostávamos dessa menina em particular mais do que de todas as outras. Abrimos uma grande exceção no caso dela e a deixávamos vir ao nosso apartamento de vez em quando para tomar chá quando estávamos livres. Para ela, aqueles eram dias marcados no calendário com tinta vermelha. O motivo dela ser apresentada aqui na história é que ela voltaria a entrar em minha vida, anos depois.

CAPÍTULO XIX

Grandes apreciadoras do teatro, nós éramos frequentadoras fiéis em noites de estreia. Um dia, estreou uma peça na qual a atriz representava vários personagens, com trocas-relâmpago de figurino nos bastidores, tão rápidas que saía de um lado do palco e aparecia quase no mesmo instante do outro, vestindo um figurino completamente diferente e interpretando outro personagem. Era um truque novo na época e muito perspicaz, em nossa opinião. Quando surgiu vestida de homem, ficamos fascinadas. Estava perfeita no papel e exerceu uma atração incrível sobre nós.

Fomos ver a peça várias e várias vezes, até que finalmente decidimos dar um jeito de conhecer a atriz. Sabíamos que era uma coisa excepcional, algo que jamais havíamos sonhado em fazer antes. Mas ambas achamos que seria bastante divertido, assim, uma noite antes da peça, mandamos flores e um bilhete contando as qualidades que víamos nela e que gostaríamos muito de saber se nos permitiria uma visita após a apresentação. Escrevemos onde estaríamos sentadas, pois assim poderia nos avaliar e decidir se queria a visita ou não.

Claro que estávamos morrendo de curiosidade para saber o que ela pensaria da proposta. Em sua primeira aparição em cena, usava algumas das flores que lhe ofertamos e, com seus olhar maravilhoso, nos sinalizou sua aprovação. Ficamos eletrizadas. Notamos que outra atriz do elenco nos olhava com muita frequência, aparentemente muito interessada. Ficamos nos perguntando o motivo. Logo um funcionário nos entregou um bilhete de Little Ben, como chamarei a atriz, pedindo que fôssemos ao seu camarim após a apresentação e informando que um funcionário estaria esperando para nos guiar pelos bastidores. Aquela era uma experiência completamente nova para nós.

Vestíamos nossos ternos sob medida, que sempre usávamos quando saíamos sozinhas ou a negócios. Eu preferia me vestir assim, e Juno adotou o mesmo estilo depois que nos juntamos. Seguimos para os bastidores nos sentindo muito importantes por conhecer o camarim da estrela! Ela nos recebeu com simpatia, assumindo o papel da perfeita anfitriã. Estava fumando, assim como sua "melhor amiga", a quem nos apresentou, a mesma que nos observara com tanta atenção durante a peça. Fumamos juntas e conversamos enquanto Little Ben vestia seu terno, muito parecido com o nosso. Gostamos das duas e, imagino, formamos um grupo muito estiloso quando saímos as quatro no seu cupê.

Não havia táxis naquela época. Convidamos as duas para jantar conosco, mas L.B. insistiu que terminássemos a noite em sua suíte, pois estava cansada demais para sair. Além disso, odiava restaurantes, algo que viemos a entender melhor mais tarde e que explicarei posteriormente.

Tomamos muito cuidado para não revelar, por palavra ou olhar, que nossa relação era mais do que a de boas amigas. Estávamos bastante cientes do fato de que esta era a primeira vez que conhecíamos alguém sem sermos apresentadas de uma maneira convencional. Após o fim da noite, ambas nos perguntamos se elas poderiam gostar tanto uma da outra quanto nós, mas firmes em nossa crença de que éramos as únicas expoentes desse tipo de relação, rejeitamos a ideia, considerada ridícula.

Little Ben interpretou o papel da dama perfeita naquela noite e em muitas outras ocasiões, quando estávamos juntas. Em seus aposentos, conhecemos vários outros artistas e suas esposas, assim como vários solteiros de ambos os sexos. Era tudo muito interessante e alegre, sem nenhuma ocorrência indesejável.

Após algumas semanas, a temporada naquele teatro terminou e a próxima parada seria em São Francisco, no outro lado do continente. Despedimo-nos delas na estação Grand Central, depois de enchermos o seu camarote particular de flores e doces. No trem, L.B. nos apresentou a uma jovem muito chorosa que nunca havíamos visto antes e parecia inconsolável com a ideia de se despedir. L.B. nos chamou de canto e pediu que fôssemos gentis com a pequena e tentássemos mantê-la conosco ao menos por aquela noite. Não nos deu nenhuma pista sobre por que nos fazia aquele pedido e continuávamos sem saber exatamente o que fazer quando o trem partiu. A amiga chorosa, que chamarei de Smith, se recompusera o suficiente para nos dizer que precisava ir ao Brooklyn para falar com outra amiga, e nos pediu para acompanhá-la. Parecia fácil, tão fácil quanto pode ser uma viagem até o Brooklyn!

No local, fomos apresentadas a uma pessoa extraordinária: uma pequena mulher, muito acolhedora, de cabelo preto curto com fios grisalhos. Vestia pijamas de seda branca e estava fumando. Tinha um jeito muito charmoso e lindos olhos cor de mel, muito penetrantes. Ela nos olhou de cima a baixo e eu entendi imediatamente que ela também sabia! Meu primeiro impulso foi agarrar Juno e fugir, pois não queria que ela achasse que havia outra pessoa no mundo que conhecia um amor como o nosso. É claro que não fiz uma tolice dessas e, de certa maneira, fui dominada por um fascínio que não sabia explicar.

Em certo sentido, tanto Juno quanto eu ficamos muito felizes com aquele encontro, pois permanecemos durante toda a noite ouvindo e aprendendo muitas coisas. Chamarei nossa anfitriã de "Fil", abreviação de "Filósofa". Jantamos, é claro, e todos fumaram, e Fil foi a que mais falou, contando livremente sobre si mesma. Logo no início da noite, ela revelou que era filha bastarda e que tivera muitos casos com mulheres. Recebera educação refinada e falava um inglês lindo, com sotaque britânico. Mais tarde, viemos a saber que seu pai era um nobre inglês, mas ela nunca divulgava seu nome a ninguém. Ele lhe dava uma mesada, e ela o visitou algumas vezes ao longo da vida. Sua mãe era uma italiana por quem não tinha nenhum amor. Era exímia estudante de filosofia, sempre em busca, como dizia, "da Verdade". Naquela época, era teosofista e amiga íntima de Madame Blavatsky.

Ficamos fascinadas com o ineditismo daqueles assuntos. No dia seguinte, Smith havia voltado ao normal, pois a Filósofa conversara com ela até melhorar seu humor. Ao que parece, ela foi a favorita de Little Ben por alguns anos. Fil nos alertou sobre o contato com L.B., que era *persona non grata* nas grandes cidades, e ser vista com ela significaria condenação imediata. Parecia muito bom da parte de Little Ben ter nos protegido daquela maneira, pois deve ter percebido, como Fil percebera, que não pertencíamos de fato àquela classe.

Nosso interesse por Fil aumentava dia após dia. Encontrávamo-nos com frequência e tornamo-nos grandes amigas. Fil passara quase toda a vida na Europa, e seus amores haviam sido mulheres de grande beleza e célebres no mundo das letras e dos palcos. Tivemos provas das histórias maravilhosas que nos contou, quando nos mostrou diversas cartas e fotografias autografadas.

Por fim, e tarde demais, descobri que não era uma criatura à parte, como havia me sentido por toda a vida. Quanto sofrimento teria sido poupado, que vida diferente eu teria levado, se soubesse antes que não fomos todos criados de um único molde e de acordo com determinado conjunto de regras restritas, mas que cada um é tão "normal" quanto todos os outros!

Apesar de tudo o que aprendemos aos pés daquela grande sábia, nem Juno nem eu conseguíamos aceitar que éramos membros de uma classe que parecia tão inconstante. Sabíamos que não éramos promíscuas como Little Ben e Fil, que era muito mais velha do que nós e dizia ter desistido do amor para sempre. Não podíamos falar do nosso amor. Era sagrado demais para nós. Não era nossa intenção pertencer a um grupo que representava uma classe à parte, apenas estávamos empolgadas para conhecer uma atriz que interpretava o papel masculino com tanta perfeição. Não sentíamos nenhuma atração sexual por ela nem por ninguém que conhecemos através dela. Juntas, éramos suficientes, ainda que sedentas de conhecimento sobre o assunto.

Nenhum dos nossos outros amigos ou familiares jamais foram apresentados a qualquer membro desse grupo. Éramos como crianças cuja curiosidade fora despertada, e também estávamos ansiosas para aprender tanto quanto fosse possível sobre um amor que era, e que para mim sempre será, de um tipo belo, mas estigmatizado nas mentes de muitos que nunca o entenderão em sua perfeição.

Que maravilha o fato de que eu, que passara por tantas experiências, não tivesse muito respeito pela tradição do casamento! Certamente não havia muita santidade nos casamentos que presenciei, e tudo que vi desde então não me fez mudar de ideia. Não digo que não existem uniões de verdade no casamento, mas creio, e muitos concordarão comigo, que há algo de errado no casamento como instituição. Quanto a mim e Juno, no entanto, sempre acreditarei que enquanto nossa vida juntas durou (ah, sim, houve uma ruptura, mas foi uma união duradoura, ainda assim, muito mais do que a maioria dos casamentos de hoje), foi o tipo mais puro e ideal de relação que eu conheci.

Não havia um impulso humano na minha natureza ao qual Juno não correspondesse. Ela representava o tipo mais elevado de qualquer parente. Era minha filha, minha irmã, minha namorada, minha esposa, minha camarada, minha amiga, cada papel bem distinto em sua natureza. Ela encheu completamente minha vida de alegria enquanto consegui preservar esse amor.

Viajamos com Fil uma única vez, e ficamos convencidas de que ela era, de alguma maneira, uma mulher marcada. Na ocasião, alguém lhe chamou por um epíteto que fez correr calafrios em nossa espinha. Ela foi o único alvo daquelas palavras, mas nós nos sentimos totalmente aviltadas, e Fil ficou com tanta raiva que tivemos medo de ter que testemunhar um assassinato. Entendemos, então, sua aversão a sair na rua. Contudo não havia nada de grosseiro em sua aparência. Suas mãos eram bonitas e seus traços indicavam que nascera de boa família.

Que mente brilhante havia ali, incapaz de ser usada para o benefício da humanidade por causa das convenções sociais, que a impossibilitavam de encontrar um lugar no mundo! Um convento na infância, onde todas as suas propensões naturais foram desenvolvidas ao máximo. Depois, na juventude, a vida nas capitais europeias, onde teve acesso aos melhores círculos. Mais tarde, em Nova York, onde era tratada de modo tão vergonhoso.

CAPÍTULO XX

Com frequência, Juno e eu nos sentíamos deslocadas entre as pessoas que eram "diferentes". Tínhamos muita segurança no amor uma pela outra e nos sentíamos fora daquele mundo, mas ainda mantínhamos contato com essas pessoas com algum grau de curiosidade. Um dia, enquanto estávamos com Fil, um jovem de cerca de vinte anos veio visitá-la. Belo, com uma tez maravilhosa, bem arrumado, bom músico, ele era ator, ainda que não fosse um astro. Notei que Fil nos observava intrigada, aparentemente em busca de alguma reação da nossa parte. Ele cantou e tocou para nós, foi realmente encantador. Depois que foi embora, Fil nos perguntou sobre nossas impressões a respeito do rapaz. Dissemos que o achamos muito atraente e talentoso.

Após mais algumas perguntas, por fim, reconhecemos que não havíamos visto nada de estranho com ele.

Ela sorriu e explicou outro face da grande questão do sexo — ele era o tipo perfeito de invertido,[19] termo que nos explicou e que não conhecíamos. Ficamos horrorizadas! Se ficamos surpresas quando descobrimos que havia outras mulheres que gostavam umas das outras, nossa surpresa foi ainda maior quando descobrimos que havia uma propensão semelhante entre os homens.

Podia parecer um crime que nós, mulheres adultas, não soubéssemos dessas coisas. Outras mulheres, mães de meninos, devia haver milhares delas, não conheciam condições como essa, pois foram todas "criadas com tanto cuidado!". Imagine mandar nossos rapazes para as grandes cidades, tão ignorantes da ameaça de um aliciador nas ruas, quanto alertados sobre as mulheres que poderiam abordá-los!

Justamente nessa época, a última moda era andar pelos cortiços de Nova York. É claro que queríamos ver tudo e fazer tudo que o resto das pessoas fazia, então fomos aos cortiços também.

Com dois amigos experientes, e mais outra mulher, tivemos uma noite de experiências pavorosas. Conhecíamos vários amigos, casados e solteiros, que estavam loucos para ir várias e várias vezes, mas uma noite nos cortiços nos bastou. Não tenho espaço aqui para relatar a feiura das cenas que vimos enquanto corríamos de um

---

[19] *"Inversão sexual" era um termo para homossexualidade na época.*

horrível, mas famoso, salão para o outro, no Bowery[20] e nas vizinhanças. Por muitos anos, tentei esquecer o que vi naquela noite, então não gosto mesmo de me lembrar. Contudo, em termos de educação, fico contente de ter ido naquela vez. Para um estudo de tipos, foi uma boa escola. Ver centenas de invertidos masculinos, por exemplo, juntos e reunidos, facilitou reconhecê-los em qualquer outra ocasião em que pudéssemos encontrá-los, e assim evitar qualquer contato.

Por fim, Juno e eu estávamos fartas daquela classe de seres humanos. Por muitos anos, nos mantivemos afastadas e deixamos que se esquecessem de nós. Nosso aprendizado nesse sentido havia terminado, e era isso que nos interessava. Fil voltou a minha vida muitos anos depois, como contarei no seu devido tempo.

Nossa vida existia em um plano muito mais elevado do que a dos verdadeiros invertidos. Ainda que nos entregássemos a nossa relação sexual, ela nunca foi o foco principal em nossa vida. Era apenas uma saída para emoções que haviam passado tanto tempo reprimidas, para o bem da nossa saúde. Ficávamos muito mais aptas para um bom dia de trabalho após obter esse alívio, mas tivemos provas de que o abuso por parte de algumas das

---

20 *O Bowery era, à época, a área mais pobre da cidade e a mais boêmia, com cortiços misturados a cabarés. Uma investigação de 1899 listou no Bowery seis salões de "degenerados" e "bichas". A subcultura gay estava mais evidente lá e mais integrada à cultura masculina proletária do que viria estar nas gerações seguintes, de acordo com o historiador George Chauncey.*

pessoas que conhecemos leva à perda de vitalidade e à saúde debilitada, e termina em tuberculose.[21]

A "escola de etiqueta" em que Juno trabalhava teve que ser fechada devido ao colapso físico da proprietária, então ela foi trabalhar como secretária de uma filantropa. Um ano mais tarde, eu também aceitei um cargo com a mesma senhora e assumi o comando de outro ramo da grande obra que ela promovia para o benefício da humanidade.

Lado a lado, trabalhamos por mais de cinco anos, com nosso apartamentinho sempre perto do local de trabalho. Nossa empregadora tinha três residências de verão, e éramos obrigadas a nos mudar para pensões vizinhas durante a temporada. Em uma dessas pensões de família, conhecemos uma jovem muito interessante, um pouco mais nova do que nós, e nos tornamos boas amigas. Mollie, como vou chamá-la, demonstrava clara preferência por Juno, o que muito nos divertia; mas parecia não haver nenhum perigo, pois Juno era bastante franca em relação a isso. Contudo, Juno e eu conversamos e decidimos que, por consideração a Mollie, que poderia se apegar demasiadamente a Juno, seria melhor abandonar nossa intimidade discretamente quando partíssemos de volta para a cidade no fim da temporada. Foi o que fizemos.

Um dia... sim, havia de chegar um dia e chegou... não tenho o que esconder. Vários meses depois desse último

---

21 *À época, "especialistas", que misturavam pseudociência com puritanismo, sustentavam que a masturbação causava uma série de males, entre eles a doença mais temida da época, a tuberculose.*

evento, cumprindo a agenda da nossa empregadora (que chamarei de S.F.), Juno teve de se ocupar de um assunto em nome da nossa senhora filantropa (a quem vou me referir como S.F. daqui em diante) e para isso precisou voltar à cidade onde morava Mollie. Nada se falou a respeito de Mollie, pois Juno não chegaria nem perto daquela antiga pensão. Nem me passou pela cabeça que ela poderia pensar nisso. Naquela manhã, ela não passou no escritório na casa de S.F., em vez disso, foi diretamente para o trem, com a hora marcada na qual voltaria.

Quero que você imagine meu terror naquela manhã quando encontrei em minha mesa um bilhete de Juno dizendo que havia traído minha confiança e provavelmente com isso perdera direito a nosso amor, pois havia se encontrado com Mollie várias vezes durante o inverno, mantido correspondência com ela e que agora passaria parte daquele dia com ela. Disse que voltaria para a cidade no trem prometido; se eu achasse que poderia perdoá-la, deveria encontrá-la; mas que se não estivesse lá, ela saberia que eu não era capaz disso e que sairia da minha vida. Ela jurava que me amava como jamais poderia amar outra pessoa no mundo e lamentava profundamente ter me enganado daquela maneira.

Fiquei quase enlouquecida. Não podia ficar no escritório. Disse a S.F. que tinha recebido más notícias e pedi o dia de folga, que ela concedeu de bom grado. Após deixar bastante trabalho para a estenógrafa, saí. Nem ao menos me lembro por onde andei. Andei e andei, e quando estava tão cansada que não conseguia mais andar, tomei um cabriolé e segui vagando e vagando pela cidade, para grande consternação, e também proveito, do cocheiro.

Fiz diversas tentativas de falar com Juno por telefone, mas sem sucesso. Finalmente, depois do que me pareceram mil anos, comprei um enorme buquê de violetas e fui para a estação, horas antes de o trem chegar, e lá esperei e esperei. Quando por fim chegou, ela parecia muito pálida e preocupada. Apertei-a nos meus braços e fomos para casa, felizes.

Que coisa mais estranha é o amor!

Sofri as torturas do inferno com o primeiro ataque de ciúmes, uma sensação até então desconhecida. Mas infelizmente não seria o último! Mais tarde, percebi que deveria ter terminado tudo naquele momento. Mas minhas forças não foram suficientes.

Achei que não poderia haver sofrimento maior do que o que passei naquele dia, então aceitei-a de volta no meu coração, pensando que o tempo curaria aquela ferida profunda. Mais de uma vez ela prometeu que não teria mais nada com Mollie, e eu acreditei.

Quando o verão voltou, e tivemos de viajar novamente, o único plano possível parecia ser voltar para a mesma pensão onde Mollie morava com a família. Questionei se isso seria aconselhável, mas Juno me acusou de ainda ter ciúmes e de não confiar nela. Ela jurou que nunca teria ciúmes de mim, seja lá o que acontecesse, então fomos para lá.

De certa maneira, foi bom termos ido. Eu vi como estavam as coisas e fiquei muito triste e infeliz. Não disse muito, mas ouvi mais uma vez que ela não conseguia entender por que eu estava ciumenta e que seu amor era o maior, pois não se sentiria daquele jeito sob as mesmas circunstâncias com outra pessoa.

Todos esses detalhes podem parecer irrelevantes, mas meu desejo aqui é mostrar os grandes e belos aspectos de um amor assim, e depois apresentar o outro lado, as profundezas nas quais se afundava. Estou tentando mostrar que todas relações do corpo e do coração têm dois lados distintos e que é preciso haver uma distinção entre amor e luxúria.

Enquanto o amor — incluindo aí companheirismo, solidariedade, compatibilidade e compreensão — for o impulso maior na união, tudo está bem e é, para mim, o ideal, mas quando a luxúria toma conta, o resultado inevitável é um naufrágio.

Depois que Juno afirmou que nunca teria ciúmes, eu (como uma gata assustada) me rebaixei e decidi lhe dar uma dose do próprio veneno. Comecei a trabalhar conscientemente para conquistar o amor de Mollie, e consegui. Fui uma mestra nessa arte, ainda que seja indigno me gabar disso. Mollie era uma criança sedenta por alívio emocional (que, aliás, nunca lhe dei), e eu sabia disso. Pobre Juno! Quase enlouqueceu. Ela implorou por misericórdia quando reconheceu que estava sendo lacerada pela mais temida de todas as doenças, o ciúme.

Foi tudo muito difícil para Mollie, pois estava loucamente apaixonada por mim naquela época. Mas eu, egoísta, a queria apenas para dar uma dose grande o suficiente para fazer Juno enxergar o quanto me fizera sofrer.

Mais ou menos na mesma época, um parente rico dera a Juno uma pensão anual, de modo que não seria mais necessário para ela continuar a trabalhar. Mas não abriu mão do trabalho, entretanto, se eu não me demitisse também. Não seria possível sair de um bom emprego, que duraria tanto quanto eu quisesse, pois dessa maneira não poderia pagar minha parte das despesas. Continuamos assim por algum tempo e eu mantive minha amizade com Mollie, mas sem vê-la com muita frequência.

Hoje, me pergunto se o sofrimento de Juno não teria sido porque Mollie transferira seu afeto para mim, não porque eu parecia estar interessada nela. Seja como for, Juno ficou ansiosa para sair da cidade, de modo que finalmente consenti em desistir do trabalho e ir com ela para algum outro lugar. Eu havia guardado um bom pé-de-meia para o caso de uma emergência, e como a pensão de Juno era suficientemente grande para sustentar nós duas se fôssemos para o interior, foi o que fizemos. Juno prometeu que sempre dividiria comigo sua renda, que provavelmente aumentaria com a morte do seu parente. Ela me pediu para abrir mão da amizade com Mollie. Por mais injusto que tenha sido para a menina, foi o que fiz.

S.F. ficou horrorizada quando lhe dissemos que havíamos decidido desistir do trabalho. Demos-lhe um mês de aviso para preencher nossas vagas. Ela ficou tão furiosa quando nos recusamos a reconsiderar a decisão de deixá-la que, lamento dizer, ela caiu do pedestal sobre o qual nós duas a colocamos. Naquele mês, ela nos deu tanto trabalho que fomos fisicamente incapazes de realizar tudo o que ela exigiu. No fim, nossa saída foi um grande alívio.

Minha mãe havia falecido e eu não tinha mais quaisquer responsabilidades financeiras para com a família. Assim, certa de que Juno seria capaz de suprir minhas necessidades, caso alguma ocorresse, fomos para o interior.

Um jovem casal amigo de Nova York, fora para uma pequena aldeia em Connecticut, perto dos Berkshires, e insistira que deveríamos ir também; e foi o que fizemos. Logo encontramos um lugarzinho cerca de três quilômetros da cidade, em uma colina de onde tínhamos uma vista maravilhosa. Foi onde estabelecemos nosso lar. A casa de fazenda ao estilo antigo era espaçosa e, com nossos dons artísticos, conseguimos deixá-la bastante atraente.

Levamos conosco uma menina do lar para "meninas perdidas" que já mencionei. Ela trouxe seu bebê consigo. Era uma menina muito bonitinha, com cachinhos ruivos, pele alva e sorriso nos lábios. Ela amava seu bebê de paixão, assim como também amava seu trabalho. Ficou muito feliz conosco e por se livrar das restrições daquele lar. No entanto, creio que eu nunca havia visto uma natureza tão sexual. Qualquer homem que nos visitasse a atiçava, mas ela nunca cedeu a nenhum impulso enquanto esteve conosco. Combateu o bom combate.[22]

Juno e eu assumimos quase todos os cuidados do bebê, e sinceramente nós amávamos isso. Nossa vida na fazenda nos enchia de alegria e entusiasmo e sen-

---

22 *"Combati o bom combate, terminei a corrida, guardei a fé"* (2 Timóteo 4:7).

tíamos que estávamos reunidas de fato. Mollie saíra totalmente da nossa vida. Socialmente, nossa casa era um centro importante. Fizemos amigos muito simpáticos. O bridge foi-nos apresentado àquela época, e jogávamos quase todos os dias entre o chá das quatro horas e o jantar, às sete.

Decidimos que viveríamos da maneira que melhor nos conviesse, e os outros poderiam aceitar ou não, como preferissem. Sempre tomávamos vinho no jantar e um coquetel antes, caso quiséssemos. Ambas fumávamos abertamente, e nossos jovens amigos tinham medo que os "nativos" ficassem chocados além da conta.

Íamos à igreja com esses amigos, que eram devotos fervorosos. Lembre-se disso, pois mais tarde o fato poderá provocar algum riso.

O próximo passo foi convidar o pastor e sua esposa para jantar. Foi um jantar bastante formal. Lizzie era uma excelente cozinheira e perfeita garçonete, e nada a agradava mais do que ter companhia. O vinho foi servido como de costume e, aparentemente, os convidados beberam com prazer, especialmente o clérigo. Ele era um anglicano tradicional, dando preferência aos ritos da High Church.[23]

Quando o café foi servido na sala de estar, também havia cigarros disponíveis e charutos para o senhor, que fumou com prazer. Como a senhora recusou educada-

---

23 *Referência ao ramo mas tradicional da Igreja Anglicana, em contraste com a vertente mais liberal, o unitarismo, na qual a autora foi criada.*

mente os cigarros, pedimos sua licença para fumar, pois este sempre fora o nosso costume. Isso foi muito, muito tempo atrás, quando poucas mulheres fumavam. Ela concordou muito gentilmente e tudo correu com naturalidade e sem complicações.

Logo veio o convite para retribuir a visita, e nós duas fomos "aceitas". Fomos convidadas a participar de todas as atividades da igreja, o que não nos atraía sobremaneira; mas estávamos jogando o jogo, de modo que fizemos nossa estreia, para a surpresa dos nossos amigos, que tanto temiam que a cidade não fosse tolerar nosso tabagismo.

Esse era meu jeito: colocar as cartas na mesa. Se alguém quisesse objetar, não seria problema meu. Eu tinha o mais absoluto desprezo por mulheres que fumavam às escondidas, mas que publicamente juravam que nunca fariam tal coisa, e eu conhecia muitas assim.

É claro que o mundo ainda não conseguiria entender a verdade sobre o amor que Juno e eu tínhamos uma pela outra. Nesse sentido, não fizemos nenhuma tentativa de esclarecer. Éramos apenas amigas do peito. Havia duas outras "amigas do peito" veraneando perto de nós, também vindas da cidade. Nós sabíamos, e elas sabiam, mas a questão nunca foi discutida mesmo assim. Elas eram do tipo mais elevado, como acreditava que nós éramos.

Muitas vezes me dizem: "Você mais parece um homem do que uma mulher". Sempre explico que fui criada com um monte de meninos e que seus modos deixaram uma marca indelével na minha personalidade. Essa explicação parece satisfazê-los.

Ficamos muito felizes mais uma vez no nosso amor e nas nossas vidas unidas. Cedi várias vezes ao impulso de recorrer aos meus pincéis. Produzi uma série de pequenos esboços que hoje, espero, devem estar dando um pouco de prazer para alguém. Esqueci todos, como esquecera o "Corot" que pintei para o irmão de Juno.

Eu tinha um amor natural pela terra e cuidava da fazenda com o mesmo entusiasmo. Empregamos um rapaz de quinze anos para fazer as tarefas, já que possuíamos um cavalo e uma vaca, e também dois porcos.

Juno tomava conta da casa, uma tarefa que nunca me atraíra, enquanto eu passava quase todo o dia trabalhando ao ar livre, até cerca de quatro horas, quando jogávamos nossas partidas de bridge e tomávamos chá. Eu tinha um jardim maravilhoso, com flores e legumes. Também havia uma pequena oficina, onde tinha um conjunto completo de ferramentas de marcenaria e uma bancada. Eu adorava trabalhar com as mãos e dominava muito bem as ferramentas. Produzi alguns móveis aqui e ali — mesas, prateleiras e assim por diante —, e fiz diversos consertos na casa e no celeiro. Minhas ferramentas eram da melhor qualidade, e eu tinha muito orgulho de mantê-las sempre perfeitamente afiadas.

CAPÍTULO XXI

Nossos verões na fazenda eram perfeitos. Nossos amigos e parentes nos visitavam com frequência, às vezes isso causava um pequeno rombo em nossa conta bancária. Era impossível rejeitá-los, contudo, de tanto que gostavam de nós e da fazenda. Nós nos bastávamos, no entanto, e nunca éramos tão felizes quanto quando estávamos sozinhas, mas éramos generosas e gostávamos de proporcionar prazer aos outros.

Tivemos um problema no mínimo curioso durante as primeiras semanas que quase provocou o fim da nossa vida no campo.

Os vizinhos mais próximos eram fazendeiros generosos do Connecticut cuja vida havia sido bastante restrita. O velho era um pouco surdo e havia escutado pacientemente por muitos anos uma mulher cuja voz se tornara aguda e estridente, somada ao famoso sotaque ianque, proporcional à sua surdez crescente.

Tivemos que buscar ajuda e conselhos desse homem em questões agrícolas. Ele ficou contente com o dinheiro extra que o trabalho lhe proporcionou. A esposa provavelmente nos colocou na mesma categoria que a de um professor da Universidade de Yale que se hospedara com eles por dois dias a fim de estudar algumas flores ou rochas da região. Quando nos contou sobre ele, acrescentou:

— Mas, ora! Ele, professor universitário? E era o homem mais ignorante que já vi na vida!

Aquela senhora assumiu por conta própria o compromisso de nos visitar toda as noites após o jantar, sem exceção. Depois que "lavava a louça da janta", colocava um avental limpo e vinha a nossa casa para conversar! Se nos imaginava ignorantes, ela certamente gastou muita saliva tentando nos ensinar! Por horas, apenas falava e falava e falava, com aquela voz insuportável e nunca era sobre um assunto só. No início, achamos engraçado, pois ela parecia que havia saído de uma história da Mary Wilkins, mas a situação passou dos limites da tolerância e nos deixou profundamente entediadas, quase deprimidas.

Após uma sessão particularmente longa, depois que ela foi para casa, Juno desatou a chorar. Foi um colapso nervoso absoluto.

— É isso que temos de aturar, morando no interior? — soluçava.

Tentei acalmá-la e disse que daria fim àquilo imediatamente. Sempre fui eu a responsável por lidar com qualquer coisa desagradável que surgisse em nossa vida.

No dia seguinte, disse à vizinha tagarela que havíamos nos mudado para o interior com a intenção de descansar e ler bastante, e pedi que nos visitasse apenas quando achássemos que suas visitas não fossem interferir em nossos planos e que, nesses casos, eu a convidaria. Creio que ela ficou chocada que não enxergássemos sua conversa como uma forma de educação, mas pareceu se contentar com um bate-papo ocasional (em que só o papo dela batia) pela cerca do jardim, dali em diante.

Resolvido isso, começaram nossas gloriosas horas juntas. Relemos boa parte de Thackeray em voz alta, e muitas outras grandes obras de arte. De quando em quando, íamos à cidade para assistir a uma boa peça, ouvir música ou ir à ópera, além de, casualmente, visitarmos os irmãos de Juno.

Após dois ou três anos na fazenda, Juno começou a cansar um pouco dos invernos, pois muitas vezes ficávamos presas em casa por causa da neve e nossos amigos não gostavam de nos visitar nessa estação. Então levantamos acampamento e nos mudamos para a vila, em um lindo chalezinho próximo de um jovem casal que fora fundamental para nossa mudança.

Na mesma época, Lizzie e o bebê tiveram que voltar para casa, pois ela precisava cuidar do pai que estava doente. Certamente sentiríamos falta do bebê de quem tanto nos afeiçoamos, o que era mais um bom motivo para fazer uma mudança.

Todos na cidade, especialmente na igreja Anglicana, estavam muito animados com a inauguração de uma escola religiosa para meninos, que estaria sob o comando de um clérigo bastante popular e querido.

Participamos de todas as atividades relativas à abertura. Seria uma escola semifilantrópica, servindo principalmente os filhos de clérigos sem condições de mandarem os filhos para escolas superiores.

Tudo pronto! A escola foi inaugurada e estávamos presentes para receber e entreter os novos professores quando chegassem. Um deles, o professor de francês, foi o mais popular. Ele pareceu escolher nossa casa como refúgio e nós como suas amigas acima de todos os outros. Foi um tanto desconcertante para a nossa jovem amiga casada, aquela que nos convidara para morar lá. Ela tinha um marido, digamos, perfeitamente adequado, mas resolveu se envolver com o diretor da escola. Não o jovem clérigo, pois este pertencia a alguma fraternidade que exigia a renúncia à carne e as tentações do demônio. Ele vestia, a propósito, um robe branco de seda pura e flanela fascinante quando aparecia em público; na escola, usava um preto. O jovem professor de francês, a quem chamarei de Jack, se revelou um amigo muito interessante. Era inteligente e divertido, tocava piano, gostava dos mesmos livros que nós, jogava bridge e amava tomar o chá da tarde. Ele era muito mais jovem do que nós — na verdade, doze anos mais jovem do que Juno, que era dois anos mais nova do que eu.

Essa amizade foi se tornando cada vez mais íntima. Jack jantava conosco três vezes por semana, no mínimo. Com efeito, passava todo o tempo livre conosco. Um dia, ele nos confessou um grande segredo: tinha um amante em Nova York e era ele a quem visitava toda quinzena! Então ele também era um dos "condenados". Pobre rapaz! Bem, não poderíamos culpá-lo por isso. Embora não tenhamos feito nossa confissão, sentimos que ele sabia e compreendia nossa relação.

Nada ocorreu para estragar nossa felicidade, e continuamos assim por um ano ou dois. A véspera de Ano-Novo era muito importante para nós. Renovávamos nossos votos quando o relógio badalava um novo e glorioso ano. Creio que foi no segundo ou terceiro ano da escola que Jack voltou para casa para passar as férias de inverno. Oferecemos uma festa de Ano-Novo e convidamos vários jovens para se despedirem do ano velho na nossa casa. À noite, erguemos nossas taças para o brinde de costume, e Juno acrescentou:

— E ao que está ausente.

Pensei ter descoberto uma nova luz em seus olhos.

— Está pensando em mais alguém? — perguntei quando me inclinei para dar nosso beijo de amor.

Sua resposta foi, em certo sentido, evasiva. Contudo a promessa foi renovada e nada mais foi dito.

Poucos dias depois, Jack voltou. Eu estava muito doente, sofrendo com uma bronquite aguda, e estava acamada. Um dia, quando Jack estava em nossa casa, Juno entrou no meu quarto e, sem uma palavra de aviso sequer, me disse que ela e Jack estavam noivos!

Como me esforcei todos esses anos para esquecer o horror que essas palavras produziram no meu coração! Eu estava doente e não tive controle nem consciência para suportar esse baque.

A bronquite havia me deixado muito rouca, e o esforço que fiz para argumentar e implorar para que reconsiderasse, pois estava atirando nossa felicidade fora, deixou, creio, uma marca permanente na minha garganta.

Não sei se teria tomado uma atitude mais sensata se estivesse fisicamente bem. Minha vida estava sendo destroçada! Minha menina maravilhosa havia quebrado sua promessa mais uma vez! De uma hora para a outra, ela se transformara completamente, passando da amiga atenciosa e enfermeira querida, nos momentos em que eu era derrubada por alguma doença, para a mais cruel das mulheres.

O sofrimento ao qual fui submetida contrariava todos os socorros prestados pelo médico no esforço de fazer com que me recuperasse. Juno desconsiderou totalmente as instruções a respeito de me deixar repousar, e eu quase enlouqueci.

Quando consegui me recuperar, mesmo com o terrível agravante daquele namoro que acontecia às minhas costas, escrevi para Fil, que estava então na Inglaterra, e pedi conselhos sobre como reaver minha sensatez. A incongruência do casal era, creio, minha maior tristeza. O invertido masculino é conhecido por ser de um calibre muito mais fraco que o suposto normal, e todos os que conheciam esse rapaz, sem saber de onde exatamente era seu lugar no catálogo dos seres humanos, o chamavam de "maricas", mas muito atraente como uma menininha amigável.

Todos os membros do nosso círculo, sem exceção, ficaram profundamente enojados com a situação, mas mais ainda com Juno, que era doze anos mais velha que ele. Em altura, ele não chegava ao ombro dela.

Foi tudo um pesadelo horrível, mas continuei lutando até finalmente receber a resposta de Fil. Ela me convidou para ficar com ela e uma amiga, que haviam alugado um chalé no sul da Inglaterra por um ano. Poderíamos dividir as despesas por três e viver com pouquíssimo dinheiro. Isso foi muito antes da guerra. Ela disse que a melhor coisa do mundo para mim seria fugir de tudo para me restabelecer, e a única maneira de me curar.

Fiquei ansiosa para partir imediatamente, e Juno ficou feliz em me ajudar a financiar a viagem. A maior parte do meu capital fora gasto com entretenimento para sua família, principalmente porque nunca fomos capazes de controlar nossas despesas e ao mesmo tempo manter a casa aberta.

Juno pareceu inconsolável com a despedida e jurou que seu amor por mim ainda era o mesmo, mas nada disso me impressionou. Quando embarquei, a probabilidade de saltar do navio era a mesma de desembarcar na Inglaterra.

A coragem começou a me faltar quando vi o oceano enorme se estender sem terra à frente, então me agarrei à vida. Interessei-me pelas novidades que descobri na viagem e estava melhor da minha tosse quando cheguei. Fil me encontrou em Tilbury e, após um dia e uma noite em Londres, fomos para Hampshire, onde sua amiga estava à nossa espera.

A reunião dessa velha amiga e Fil daria um romance muito interessante, mas os detalhes dessa história não cabem aqui. A amiga era uma artista famosa em ambos os continentes, uma mulher culta e cativante. Estava tirando um ano de folga e de amor com Fil. Sua ideia de como curar corações partidos era o álcool. Eu sofria intensamente o tempo inteiro, e Fil percebeu o quanto amei e ainda amava Juno. Eu apreciava tomar um coquetel antes do jantar e um vinho com a refeição, mas nunca gostei de beber simplesmente por beber.

A amiga evidentemente gostava e, com minha tristeza como desculpa, insistia em começar o dia com algumas doses de absinto ou gim. A primeira bebida era novidade para mim e, embora o gosto não tenha me agradado no início, o efeito produzido parecia ser o desejado, então consegui acompanhá-la. Simplesmente não me importava com o que precisaria fazer para esquecer, nem que fosse por um momento de cada vez.

Eu via que Fil não estava nada contente com essa conduta, mas a amiga conseguia nos persuadir. Fil, no entanto, se manteve lúcida, pois nunca encostava em uma gota sequer de álcool. O chá era sua paixão. Ela queria conversar comigo e usar sua lógica para me tirar daquele sofrimento, mas a amiga cuidava sempre para que isso nunca acontecesse. Esforçou-se para que eu me interessasse por ela, mas não caí em tentação.

Estávamos em um local encantador, e as flores da primavera enchiam o bosque onde ficava o chalé. Nada é mais belo do que a primavera na Inglaterra! Mas essas belezas me proporcionavam apenas sensações passageiras, já que não conseguia superar minha dor. Além disso, o efeito físico de tanto álcool estava afetando minha saúde e me deprimia ainda mais.

As cartas de Juno, cheias de um amor no qual não podia confiar, aumentavam meu sofrimento. Mesmo quando disse que ela e Jack haviam concluído que o que lhes interessava era o contato físico, que estavam felizes no seu relacionamento e que haviam desistido da ideia de casar, eu continuava inconsolável. Na verdade, estava mais revoltada do que nunca. Como o parente rico havia dito que sua contribuição cessaria quando Juno se casasse, eu sabia que o desejo de se casar com ela não seria duradouro, já que vira o rosto de Jack empalidecer quando recebeu a notícia antes de eu partir.

Mais ou menos em junho, percebi que a vida com as duas mulheres que tentavam me curar estava me levando rapidamente a um colapso. Assim, decidi seguir em frente e descobrir o que poderia fazer por conta própria.

Depois que me estabeleci próximo a Bournemouth, coloquei minha pena para trabalhar, pois minhas finanças estavam se esgotando. Fiquei aliviada quando recebi por telegrama um cheque polpudo de Nova York, pelo pagamento de uma revista para a qual enviara um artigo.

Imediatamente a seguir veio uma carta de Juno dizendo que ela e Jack decidiram que não se amavam suficientemente para continuarem juntos e que a vida dela era insuportável sozinha, que queria vir ficar comigo, mas que não tinha dinheiro para isso.

Fiz que sua vinda fosse possível, boba que era, como todos dirão e hoje digo eu, mas nunca alguém ficou tão feliz com a ideia de ter, como antes, sua companheira, amiga e amante. Juno tinha recursos suficientes para liquidar todas as suas obrigações, renovar um pouco o guarda-roupa e ainda sobrava para a passagem e uma soma substancial quando chegou.

Encontrei um chalezinho de pedra mobiliado muito charmoso, a curta distância de Bournemouth. O lindo jardim tinha um muro alto também de pedra ao redor. Reorganizei tudo para deixar com "nossa cara". Toda tristeza foi apagada e meu coração batia com fé renovada.

Fui a Southampton para me encontrar com Juno. Seria necessário passarmos a noite antes de seguirmos para nossa casinha. Arrumei um belo arranjo de flores no quarto do hotel onde alugara uma suíte e me dirigi ao cais várias horas antes do horário marcado para a chegada do vapor.

Meu plano era ficar no chalezinho de pedra tempo suficiente para que conhecêssemos tudo naquela localidade e deixar os fundos se acumularem, pois tinha outros artigos a escrever, e então viajar para outras partes da Inglaterra e do continente, ficando tempo suficiente em cada lugar para absorver sua atmosfera de verdade. Naquela época, isso era possível de fazer a valores razoáveis e estaria perfeitamente ao nosso alcance.

Por fim, o barco foi avistado e desci ao cais para encontrar minha querida e apertá-la contra meu coração. Não sentia nenhuma emoção sexual. Não era pelo seu corpo que eu ansiava, mas pelo meu outro eu, minha alma gêmea. Vi-a a menos dez metros dos meus braços, mas ainda longe demais para que eu pudesse agarrá-la. Precisei esperar o barco atracar lentamente. Ela foi uma das primeiras a pisar em terra firme e vir em minha direção.

A alegria daquele primeiro beijo de verdade desde antes de Jack entrar em nossa vida ainda perdura, um dos pontos altos das minhas lembranças!

Antes de chegarmos na metade do píer, ela se virou para mim e disse:

— Jack e eu estamos noivos de novo.

Ainda hoje sinto a dor física em meu coração! Meu primeiro impulso foi saltar na baía, mas tive senso suficiente para saber que seria resgatada, então não disse uma palavra. Tudo pareceu escurecer, mas ainda fui capaz de cuidar de todos os detalhes alfandegários para ela, e fomos em silêncio para o hotel, onde as flores zombavam do meu amor. Ela tentou fingir alguma alegria por estar comigo e pelas flores, mas eu não tinha nada a dizer. Passei a noite acordada, triste. Ela disse que ela e Jack haviam gasto todo o dinheiro que eu havia enviado e que não tinha um centavo sequer. Eu não poderia abandoná-la, então pegamos o trem para o chalé de pedra — eu, com o coração esfacelado, e ela? Como poderia estar feliz? Mas foi o que pareceu. O local que eu havia preparado para sua chegada não a atraiu em nada. Ela só pensava em ir à França, onde aprenderia a falar francês, pois Jack era professor do idioma e estudou em Grenoble. Ela insistiu que eu a acompanhasse, pois não fazia a mínima ideia de como ir sozinha. Eu sempre assumira toda a responsabilidade pelas questões de negócios e sabia que ela realmente precisaria de mim para seguir seu caminho.

Fiquei furiosa por ela me trazer mais uma vez aquilo do qual eu queria fugir, mas o coração materno não soube rejeitá-la.

Não havia alegria no contato físico com ela. Mesmo seus beijos forçados quase me sufocavam. O companheirismo se esvaiu, pois todos os seus pensamentos se concentravam no futuro com aquele pobre sujeito que caíra sob seu feitiço. Apenas a necessidade de proteção me levava adiante. Um acompanhante pago teria servido igualmente bem e sido melhor para mim, mas as finanças não permitiriam tamanho luxo. Tentei convencê-la a voltar para os Estados Unidos e me deixar em paz, mas isso ela se recusava a fazer, pois Jack viria no próximo verão para que se casassem.

Lá estávamos nós, e tentei o quanto pude seguir com o jogo até que pudesse fugir. Não há necessidade de voltar àqueles dias dolorosos, primeiro com um breve período em Londres, depois em Bruxelas para estudar francês e finalmente para Paris! Para quê?

Às vezes eu era razoável e fazia todo o possível para facilitar nossa convivência, mas houve dias de revolta que produziram cenas dificílimas.

A decepção de ter que ver todas as maravilhas daquele novo mundo com os olhos cheios de lágrimas parecia mais do que eu poderia suportar. Eu não podia voltar, pois a casa estava alugada por um ano. Assim, fiquei e tentei ganhar alguma coisa com aquilo tudo.

Em todos os anos desde então, fui capaz de eliminar a tristeza, pensar e falar sobre coisas que teriam me dado alegria naqueles dois anos na Europa. Entretanto, acabei descobrindo minha indignação comigo mesma e com Juno se elevando mais uma vez, até quase transbordar.

CAPÍTULO XXII

Assim que nos estabelecemos em Paris, comecei a procurar uma ocupação para obter fundos e ocupar a mente. Esforcei-me para acreditar que estar perto de Juno era uma alegria e para garantir sua segurança.

A vaga aberta para mim era ligada a uma organização religiosa sobre a qual escreveria um artigo de deixar qualquer um de queixo caído, mas isso fica para depois.[24] Uma jovem escocesa estava desistindo do emprego para se casar. Ela permaneceu por algumas semanas para me ensinar os métodos de trabalho. Estávamos constantemente juntas durante o dia e naturalmente interessadas

---

24 *Ruth tornou-se secretária da Associação Cristã de Moças de Paris, mas teve que renunciar ao cargo em maio de 1908 após um racha na organização.*

uma na outra. Scotty, como vou nomeá-la, me fez confidências sobre seu casamento iminente. Ela havia ficado noiva por causa do orgulho ferido, pois o homem que realmente amava não pedira sua mão, apesar de ela ter certeza de que ele a amava. Senti pena dela, pois estava entrando em um estado no qual não teria como ser feliz. Após conversar francamente comigo, ela decidiu que seria mais justo para o jovem se rompesse com ele naquele momento e não após o casamento, e foi o que fez. Ela se afeiçoou bastante a mim, mas por mais querida que fosse, eu sabia que nunca poderia retribuir seus sentimentos à altura. Ainda assim, fiquei contente de ter uma amiga interessada e até interessante quando Juno se casasse no próximo verão, como ela esperava.

É claro que Juno e eu dividimos um quarto, mas tínhamos duas camas e nunca houve qualquer aproximação sexual.

Percebi que os amores de Juno não procediam exatamente como ela queria, mas ela não me confessava suas preocupações. Enquanto isso, Scotty passava cada vez mais tempo comigo e fizemos pequenos passeios juntas. Senti que Juno estava absorta em Jack e incapaz de perceber o que eu estava fazendo. O Natal veio e passou, e então Juno expressou seu desgosto por não receber algum presente de Jack pela data, pois ela havia feito de tudo para receber um mimo a tempo. Esperou até se convencer de que ele a ignorara no Natal e depois anunciou calmamente que havia rompido o noivado e que queria meu amor de volta.

Disse a Juno que Scotty decidiu não se casar e que, como ela aceitara outro emprego em Paris, nós duas havíamos decidido morar juntas depois que Juno se casasse. Simplesmente não abriria mão dela, e não abri. Minha fé em Juno estava morta, apesar do fato de que ninguém jamais poderia tomar seu lugar no meu coração. Juno ficou arrasada e sofreu com o ciúme e toda a agonia que esse estado de espírito suscita.

    Scotty me convidou para acompanhá-la em uma visita a sua cidade natal na Escócia durante as férias de verão e era o que eu planejava fazer, pois não queria estar em Paris quando Jack chegasse. Quando descobrimos que o casamento foi cancelado, Scotty convidou Juno para viajar à Escócia conosco, e ela esperava ir. Sua ideia seria arranjar uma amiga para ficar quites comigo. Havia uma jovenzinha irlandesa que frequentava a instituição na qual trabalhava e a quem me referira diversas vezes como um dos meus xodós. Juno estava atraída por ela e decidiu conquistar seu amor.

    Naquela época, tínhamos uma grande colônia de meninas inglesas, escocesas e irlandesas que haviam se mudado para Paris a fim de ganhar a vida, pois em suas cidades, era considerada uma grande vergonha que tivessem um emprego. "Isso não se faz". Ah! O capítulo ou o livro que eu poderia escrever sobre as experiências na "Gay Paree"[25] que me confessaram essas meninas tão cuidadosamente criadas! Mas isso é outra história.

---

25 *Expressão para descrever a Paris à época de Mary. "Paree" imita a pronúncia francesa e "Gay" quer dizer apenas "alegre". À época começou-se a usar o adjetivo "gay" como eufemismo para "homossexual", mas provavelmente quando este livro foi escrito a frase não teria duplo sentido.*

Era tão estranho ver Juno no papel da galanteadora, mas ela conseguiu capturar a "Irlandesa", como vamos chamar a jovem que sucumbiu aos seus encantos. Fosse essa uma amizade como aquela entre mim e Scotty, eu não teria me afetado. Contudo logo fiquei convencida de que as duas estavam se entregando a um tipo mais intenso de intimidade e eu, por minha vez, fiquei muito infeliz.

Hoje tudo isso me parece débil e ridículo, mas como estou tentando oferecer uma descrição verdadeira do amor sexual, a questão precisa ser discutida.

No seu auge, como foi nosso amor por tantos anos, ainda acredito que o amor entre duas mulheres é o tipo mais elevado. Ao mesmo tempo, creio que pode levar ao sofrimento mais intenso que uma mulher pode conhecer.

Como estávamos prestes a ir para a Escócia, Juno anunciou que preferia ficar em Paris até que a Irlandesa tirasse férias e fosse para casa (para onde, aliás, Juno não havia sido convidada). Então Juno se juntaria a mim em algum lugar na Inglaterra, em uma visita prometida a alguns velhos amigos de Nova York que estavam morando nos arredores de Londres.

Encontrei Juno na hora marcada em Dieppe. Aproveitamos as atrações da cidade, na medida do possível, mas nossa estada terminou com uma briga violenta e decidimos nos separar; ela voltou para Paris, eu fui ver nossos amigos em Londres, para esperar até que Scotty se juntasse a mim e retornássemos a Paris.

A visita com Scotty a sua linda casa foi maravilhosa, e como seu pai e os dois irmãos tinham carros, fizemos longos passeios pelo interior daquela terra gloriosa. Fomos bem-recebidas por todos os seus amigos e parentes e jogamos golfe todos os dias. Foi minha primeira experiência com o jogo, mas como sempre fui apaixonada por esportes ao ar livre, aprendi a jogar e a amar o golfe muito naturalmente.

Eu sabia que Scotty ainda estava apaixonada pelo rapaz que não pedira sua mão. Conversamos bastante sobre o assunto e expliquei a ela sobre a falácia que lhe haviam ensinado, a de se guardar para um homem. Chegando o dia que eu deveria sair para ir ao encontro de Juno, Scotty foi visitar a irmã do rapaz, e quando escreveu que eles estavam noivos, senti que minha amizade com ela não fora em vão. Ela ainda voltaria a Paris por mais um ano, no entanto.

Visitei amigos que se mostraram do mesmo tipo que a artista que estava com Fil durante os meus primeiros meses. Não estava muito feliz, mas me alegrei quando chegou a hora de ir encontrar Scotty e voltar a Paris, e estava decidida a nem sequer ver Juno.

Scotty e eu tínhamos nosso apartamento juntas, enquanto Juno e a Irlandesa tinham o delas. Eu recebia apelos constantes para deixar Juno vir me visitar, mas os recusei terminantemente. Por fim, a Irlandesa me implorou para ir ver Juno, que ficara muito mal devido ao meu afastamento. Mais uma vez, meu coração de mãe me venceu, e eu fui.

Por causa das súplicas de Juno e da Irlandesa, que revelou que jamais poderia preencher meu lugar, e mesmo de Scotty, consenti em dividir um apartamento com Juno de novo. Mas eu sabia que Juno estava me enganando em sua relação com a Irlandesa e me afundei novamente nas agonias do ciúme. Eu não tinha nenhum desejo de retomar relações físicas com Juno, mas não podia suportar a ideia de que alguma outra mulher ocupasse aquele lugar sagrado.

Percebendo a inutilidade de tentar remendar um amor partido, finalmente decidi colocar o oceano entre nós mais uma vez e voltar para casa, para nosso chalezinho de amor, que ficara vago de novo. Juno deixou a casa e tudo nela para mim, pois disse que nunca mais moraria lá.

Quando cheguei em Nova York, havia muitos amigos para ver e, entre eles, Flo e o professor, que haviam se estabelecido no Brooklyn. Nosso encontro foi muito formal e cauteloso. Eu não estava disposta a nada que beirasse o sentimental. Flo estava em um grande dilema em relação ao pai, que havia perdido a visão e permanecia internado em Nova York, pois não havia nenhum membro da família que pudesse cuidar dele. Ele tinha sido um advogado brilhante, mas sua mente estava se deteriorando pouco a pouco, embora ainda estivesse em boa condição física. Sugeriu-se que ele poderia morar comigo no interior. Eu não tinha nada em vista em termos de negócios, então concordei em levá-lo comigo, com um criado pessoal para ele.

A volta para aquela casa foi muito triste, e fiquei contente em encontrar muito trabalho pela frente para colocá-la em ordem.

Mas antes de eu ir para a Europa, uma amiga mais jovem, que tinha o mesmo primeiro nome que eu, era visita frequente na casa. Ela havia me escolhido como objeto de adoração. Passava horas comigo enquanto Jack e Juno saíam em passeios e caminhadas, pois eu estava sofrendo profundamente e ela era muito solidária e querida. Tocava bem e cantava com uma voz doce, o que me acalmava. Sua cabecinha (tinha vinte anos) tentava resolver uma série de mistérios sobre os quais não se atrevia a perguntar para a mãe. Contava-me coisas espantosas que aconteciam naquela cidadezinha em Connecticut, mas evitava todas, ou assim dizia, e sobre várias coisas que mexiam com ela e faziam com quisesse alguma coisa, mas não sabia o quê. Era considerada muito delicada e, a princípio, eu me perguntava se não sabia mais do que estava contando, mas depois me convenci de que era mesmo inocente. Era um desses casos que muitos dizem, sarcasticamente, que precisava de um "homem para endireitá-la". Os médicos sabem disso, mas não se atrevem a dizer aos pais, ou perderiam os seus empregos.

Quando finalmente parti para a Europa, ela ficou inconsolável. Escreveu-me uma linda cartinha de amor para ler em cada dia da viagem. Nunca me esqueci desse ato de bondade, pois muito me ajudou. Então ela ficou igualmente contente quando voltei, e abriu a casa para mim, enchendo-a de flores por toda parte, mesmo sendo apenas o início da primavera.

Fui muito bem recebida pelos velhos amigos, e todos tentaram me ajudar a esquecer Juno.

Juno e eu escrevíamos uma para a outra, mas as cartas tratavam de questões ordinárias de interesse mútuo, nada que se aproximasse do amor. Eu via Jack ocasionalmente e ele parecia um jovem muito triste e derrotado.

Embora o pastor (o administrador da escola) soubesse das propensões dele com meninos, Jack permaneceu na escola. O diretor, no entanto, havia sido demitido, pois houve um escândalo público ligado à amiga que nos persuadira a ir morar na cidade.

A casa foi restaurada a seu antigo esplendor e o velho cavalheiro chegou acompanhado do belo rapaz negro que eu contratara antes de vir de Nova York. Soube deixá-lo bastante confortável e feliz. Flo, o professor e o filho vieram para uma casa mobiliada perto de mim para passar o verão, e apesar de diversos esforços por parte do professor de retomar as relações, eu as extingui imediatamente, pois sentia que certas partes de mim haviam morrido e eu não pensava mais nelas.

Mas naquele verão aconteceu algo que pode ser de interesse em relação ao assunto sobre o qual estou escrevendo.

Lembre-se que na "escola de etiqueta", em Nova York, havia uma garota que nos interessava profundamente, aquela que foi "desonrada pela vida toda" quando a colega de quarto deu uma reuniãozinha para fumantes. Mantivemos a amizade através de cartas, embora não nos víssemos desde que ela saiu da escola. A garota sabia que eu tinha voltado sozinha da Europa, o que a deixava muito triste, pois considerava nossa amizade ideal. Ela estava no leste e queria me visitar, e claro que fiquei muito feliz em recebê-la.

Na estação de trem, encontrei a mesma menina entusiasmada e simpática de sempre, mas parecia haver algo de diferente em seu rosto. É possível que tivesse experimentado alguma tristeza ou foi apenas o tempo que passou.

Ao chegar em seus aposentos, ela me prendeu nos braços e plantou um beijo muito longo e apaixonado. Fiquei espantada. Irrompeu com uma expressão emocionada e falou do amor que sempre nutrira por mim, que nunca ousara confessar devido à amizade entre mim e Juno. Acreditou que eu ficaria horrorizada ao saber que ela nutria um amor mais do que comum e provavelmente a mandaria para casa. Tentou, de uma maneira vergonhosa, descrever a paixão que sentia por mim. Simplesmente deixei-a falar e falar. Eu não teria conseguido acrescentar uma palavra que fosse, mesmo que tivesse tentado. Ela me contou sobre os casos que tivera na escola, onde tais coisas aconteciam muito, as chamadas "paixonites". Ela me contou sobre os esforços que fizera para chegar no patamar das meninas que havia descrito, mas sabia que devia ser diferente das outras e sentia que podia ser porque não as amava de verdade.

Fiquei com pena do seu dilema e da sua luta, identificando tudo isso com minha experiência. Ela implorou para dormir comigo; mas foi apenas um monólogo, não uma noite de sono.

Tentei explicar que meu amor por ela não era uma coisa física e que eu não tinha nenhum desejo que ela tocasse em mim. Entretanto ela sentia que nunca seria feliz de novo sem mim e estava fazendo planos para voltar para casa e então retornar para morar comigo. Era uma menina esperta e divertida e teria sido uma amiguinha alegre e maravilhosa, mas o sexo não me atraía.

Sua mãe morreu logo que chegou em casa e a pobrezinha ficou desolada. Foi obrigada a permanecer, cuidar da família e continuar no lugar da mãe. Assim terminou esse episódio. Trocamos cartas ocasionalmente, mas com o tempo, nossos interesses se afastaram tanto que paramos de escrever. Creio que ela estava noiva e espero que tenha vivido feliz para sempre.

Perto do fim do verão, o pai de Flo decaiu e logo foi pacificamente para o descanso final.

CAPÍTULO XXIII

As negociações para outro campo de trabalho haviam começado e foram concluídas em novembro. Nesse meio tempo, Juno concordara em armazenar tudo o que nós talvez viéssemos a querer um dia e leiloar o restante. Cumpri esse acordo sem tardar, ver a casa desmanchada daquela maneira era de partir o coração.

Em seguida, assumi um trabalho no qual tive a oportunidade de satisfazer o grande amor de mãe que sempre estivera na minha natureza. Fui colocada no comando de um casarão no interior, a cerca de sessenta e cinco quilômetros de Nova York, pertencente a uma das igrejas mais ricas da cidade e utilizada como lar de convalescença e repouso para as pessoas ligadas à missão da igreja no East Side. Ali trabalhei de corpo e alma.

O lugar era visto na cidade como uma praga. As crianças, a igreja e tudo o que fosse relacionado a ela eram detestados e desprezados pelos moradores. Logo consegui que fosse amado por todos. O lar se tornou um verdadeiro centro social; depois vieram me comentar que a mudança era nada menos do que milagrosa. Criei uma atmosfera de amor e governava tudo seguindo o maior governante: o Amor que excede todo o entendimento. Comecei a compreender cada vez melhor que o amor em um relacionamento humano simplesmente não tem significado. Quando houver a separação entre o amor e a paixão física, melhor será para a paz e a felicidade da humanidade.

Nesse lar, tive a oportunidade de estudar as crianças em todos os ângulos, com os dois olhos abertos. Pude detectar o pequenino com desenvolvimento sexual anormal; o masturbador, macho e fêmea; o chamado invertido etc.; e pude ajudá-los a enfrentar seus problemas de uma maneira sã. A razão para isso é que fui capaz de descobri-los em flagrante. Não que estivesse bisbilhotando, mas quando criança, também fui mestra nas tentativas de enganar, então sabia que era a única maneira pela qual poderia argumentar com eles.

Os pais raramente conseguem descobrir essas coisas sozinhos, pois acham que seu filho não poderia ser culpado. E se descobrisse qualquer ato do tipo, a única coisa que saberia fazer seria bater na criança, mas no fundo do coração, os pais sabem muito bem que isso não seria a solução.

Antes de me mudar de Connecticut, havia prometido à jovem amiga que, se houvesse uma vaga para ela no meu trabalho, mandaria chamá-la. No primeiro verão, a vaga abriu e ela se tornou minha assistente. Meus outros ajudantes eram dois jovens graduados em universidades do Sul. Ambos se apaixonaram pela minha menina. Ela teve dificuldade para decidir qual aceitaria, pois ambos eram atraentes. Durante uma tempestade terrível, quando foi protegida pelos braços fortes de um deles, a dúvida foi resolvida e eles acabaram se casando. Hoje têm uma familiazinha linda e viveram felizes para sempre.

Em meu contato com as crianças do lar, fui surpreendida com a descoberta de que, mesmo ainda tendo idade para tirarem sonecas à tarde, já estavam cientes do sexo.

Li muitos livros sobre adolescência, mas a maioria deles trata apenas de generalidades, enquanto meu conhecimento foi adquirido pela experiência.

Algumas das crianças acreditavam que eu possuía poderes ocultos e era capaz de enxergar através das paredes. Muitas vezes peguei-os no meio de um encontro sexual e, depois de superarem a surpresa de que não levariam uma sova, nós nos sentávamos em particular para conversar, de modo a conquistar sua confiança. Mostrava que tinham um problema a resolver e que queria trabalhar com eles, não contra eles.

Esbarrei em alguns obstáculos, no entanto, como a resistência aos métodos aconselhados pelos líderes espirituais da igreja sob a qual esse trabalho era realizado. Vou dar um exemplo. Enviaram-me um rapaz cuja irmã tuberculosa, ou "tísica", como as crianças chamavam, havia falecido recentemente. Temia-se que o menino teria a mesma sina, mas a doença ainda não havia se desenvolvido. No instante em que vi o rapaz, soube o que havia de errado com ele e o que afetava sua saúde. Observei-o durante algum tempo para determinar quais eram seus métodos e descobri que estava envolvendo outras crianças nas suas práticas.

Mantive meus olhos colados naquele grupo por dois dias, sem deixá-los perceber o que eu estava fazendo. Mas como aquele menino era esperto! Foi então que descobri o local mais isolado da propriedade e passei a observá-lo de dentro da casa. Depois de vasculhar toda a propriedade para garantir que eu não estava por perto, eles vieram, passeando inocentemente, colhendo uma flor aqui e outra ali, como se fosse essa a sua missão. Por fim, desapareceram atrás da casinha, que na época estava desocupada. Escapuli às pressas, cheguei ao local e os interrompi.

O maior ficou esperando por mim enquanto levava os mais jovens para seus quartos, onde conversei com eles e descobri que haviam sido subornados com doces. Falei com eles sobre a gravidade do que estavam fazendo e recebi suas promessas de que nunca se entregariam a tais atividades novamente.

Então voltei para o pobre "tísico". Expliquei que estava atraindo para si a doença tão temida, pois sua família o levara a acreditar que tinha o mesmo problema que a irmã e teria o mesmo destino. Ele amava a irmã profundamente e chorou por ela ao lado dos pais. Por meio desse afeto, consegui convencê-lo de que, se quisesse se curar do hábito que poderia levá-lo à tuberculose, eu ficaria muito feliz em ajudá-lo. Disse que sabia que, se quisesse continuar com essa prática, ninguém poderia impedi-lo, e que se me procurasse sempre que se sentisse tentado, eu leria para ele alguma história maravilhosa ou contaria uma, que era algo que amava, assim como todas as crianças, ou faríamos alguma coisa para fazer com que se esquecesse daqueles sentimentos terríveis que o acometiam. Fiz com que sentisse que luta magnífica seria se conseguisse enfrentar o inimigo como o homenzinho que era, face a face em combate mortal, e aniquilá-lo. Eu sabia que havia um menino de verdade sob aquele corpo enfraquecido e que uma "luta de verdade" iria deixá-lo empolgado.

O medo de levar uma surra foi esquecido e o sucesso incrível desse método foi extremamente gratificante. Quando ele vinha e me perguntava se eu estava ocupada demais para lhe contar uma história, eu sabia e ele sabia, mas nada era dito e a história era contada. Estávamos na luta.

Obviamente, os mais jovens espalharam para os outros meninos a notícia sobre o perigo que haviam corrido, o que descobriram e o meu tratamento, o que foi uma coisa boa, na minha opinião. Com o tempo, os acontecimentos chegaram aos ouvidos dos poderosos na cidade grande, então fui convocada para comparecer perante o conselho, no escritório do reitor na igreja matriz. O jovem reitor me encontrou antes que entrasse na reunião e me pediu para acompanhá-lo até a igreja e ver as reformas de quarenta mil dólares que haviam sido concluídas recentemente. Magníficas, é claro! Quando ficamos sozinhos, ele mencionou o caso e perguntou se eu realmente detectara a coisa que havia chegado aos ouvidos do conselho. Respondi que sim.

— Sabe, senhora, o menino deveria ter sido mandado embora imediatamente e expulso do lar e da missão. Não podemos ter um menino assim em nossa obra de caridade.

Meu sangue ferveu! Virei-me e olhei bem nos olhos dele.

— O senhor realmente acredita que Cristo teria agido assim?

Seu rosto se ruborizou e ele não teve uma palavra para me dar de resposta.

— A senhora entende, é desejo do conselho — ele respondeu debilmente.

Ele poderia ter acrescentado que era o reitor daquela rica igreja e que precisava atender os desejos daqueles que lhe enviavam aqueles dólares.

Por fim, entrei na reunião cheia de fúria, mas sob controle, seguida pelo reitor, o rosto ainda vermelho. Ele era amado por todas aquelas solteironas simpáticas, e por algumas das casadas. Ele bem sabia que eu o desprezava. Argumentos não serviam para nada em meio a tanta santidade.

Tentei defender o esforço que o menino estava fazendo e sua luta, mas não quiseram escutar. A questão foi tratada sumariamente com a ordem de que o menino fosse mandado para casa com as seguintes palavras:

— A senhora ama tanto as crianças que não percebe a ameaça de um rapaz assim para o nosso trabalho.

Olhei para aqueles homens com pena. Deixei-os a salvar almas no seu sepulcro dourado e voltei a tentar limpar os corpos das pobres crianças cujas debilidades eram totalmente incompreendidas.

O pobrezinho foi mandado para casa. Isso quase partiu seu coração, como partiu o meu. Todos tiveram de reconhecer que sua saúde melhorara muito, mas atribuíram isso às vantagens de estar no interior, naquela bela casa! A mãe do menino reclamou violentamente de mim, dizendo que fora tudo mentira da minha parte e que o filho havia dito que nunca fizera nada daquilo. Pobre rapaz! Como tinha medo daquelas surras terríveis, não contou a verdade à mãe. Esse é o maior problema das crianças de hoje.

Isso indica os métodos que eu seguia para afogar a grande tristeza da minha vida. Fiz um bom trabalho. As crianças me amavam, assim como seus pais, com a única exceção da mãe do rapaz "tísico". Meus métodos recebiam aprovação e eu realmente amava o trabalho.

CAPÍTULO XXIV

Juno mandava notícias regularmente e vinha da Europa uma vez por ano para me visitar. Essas visitas pouco faziam para me reconfortar, mas eu ainda queria vê-la, sempre torcendo para descobrir que havia cansado da vida com a Irlandesa. Tentamos romper definitivamente. Não escrevi a ela por vários meses, nem ela a mim, a meu pedido. Então voltaram as súplicas da Irlandesa, dizendo que era cruel manter o silêncio e que Juno ansiava pelas minhas cartas. Cedi mais uma vez e retomei a correspondência.

O parente rico morreu e Juno recebeu uma fortuna considerável.[26] Ela voltou ao país para resolver os negó-

---

26 Emma recebeu uma herança de 50.000 dólares, equivalente a 1,3 milhões em 2020.

cios e ficou comigo a maior parte do tempo. Quando a guerra estourou, precisou enfim deixar Paris e voltar para casa, alugando um lindo apartamento na cidade. Logo ela mandou buscar a Irlandesa, pois tinha dinheiro suficiente para as duas naquela época. Fui obrigada a receber ambas no meu lar no interior, o que me deixou bastante perturbada. Por fim, senti que não podia ver outra pessoa ao lado daquela que havia sido tudo para mim, então decidi colocar o continente entre nós e me mudei para o outro lado dos Estados Unidos.

Resolvi não voltar ao meu emprego no Leste e pedi demissão do meu cargo. A cidade inteira, as crianças e os pais suplicaram para que eu reconsiderasse, mas eu não conseguiria enfrentar os sofrimentos que estariam esperando por mim.

Estabeleci-me em uma casinha nas montanhas, onde poderia conduzir um negócio para ganhar o pão de cada dia. Esperava viver e morrer lá. Mais ou menos na mesma época em que me acomodei e comecei a fazer algum progresso na superação da minha tristeza, Juno me escreveu para contar que finalmente se cansara da Irlandesa, e fez com que ela se casasse com um homem da sua região na Irlanda, um pretendente de longa data. Juno conseguira isso com a promessa de que a acompanharia até seu país natal e compareceria ao seu casamento, o que fez durante a guerra. Juno estava de volta e queria me visitar nas montanhas na próxima primavera, prometendo que ficaria seis semanas.

Quando chegou, fiquei em êxtase novamente, mas não retomamos nenhuma intimidade. Ela me contou então sobre seu amor por um homem casado, que era retribuído. Bem, essa é a sua história. Meu coração se partiu de novo. Contudo, após dez dias comigo, o homem apareceu e exigiu que voltasse para casa com ele no dia seguinte, o que ela fez.

No Natal seguinte, o irmão de Juno me mandou um telegrama pedindo que o visitasse no feriado e me enviou o dinheiro para a viagem. Ele disse que precisava de mim. Juno não sabia da minha visita até que seu irmão lhe pediu para ir com ele a fim de encontrar uma amiga que chegaria naquela noite. Ela não ficou contente quando me viu, e minha estada em Nova York não foi nada agradável. Seu irmão estava angustiado com a ideia de que a irmã poderia estar envolvida com um homem casado e achava que eu poderia convencê-la a abandonar o caso e voltar para mim.

Voltei para minha casa nas montanhas assim que possível e nunca mais vi essa senhora. O homem conseguiu se divorciar e os dois se casaram de fato. O marido gastou todo o dinheiro de Juno. Nós ainda trocamos cartas de vez em quando, e eu não sofro o tempo todo, mas ainda hoje sinto a velha tristeza voltar e sempre considerarei que aqueles anos com minha amada Juno foram os mais perfeitos que alguém poderia ter, e que valeram todo o sofrimento que trouxeram para a minha vida.

Johnstone Bennet, a "Little Ben", caracterizada como "mulher de negócios astuta".

Emma Elizabeth Altman, a "Juno", em requisição de passaporte.

A Associação Cristã de Moças onde "Mary" e "Juno" se conheceram.

ELIZABETH ALTMAN, "RIGHT HAND OF MISS HELEN GOULD."

Private Secretary to Wealthiest and Most Actively Philanthropic Woman in America Stands Between Her and an Army of Beggars, Frauds and Cranks—Charities Are Carried On in a Business-Like Manner, Miss Altman Having a Private Office in the Gould Mansion.

Elizabeth Altman ("Juno") em matéria de revista. "Secretária particular da mais rica e ativa filantropa nos Estados Unidos, interpõe-se entre ela e um exército de pedintes, fraudes e vigaristas."

CRONOLOGIA

1864 Nasce Ruth White Fuller, no dia 17 de junho, em Deerfield, Massachusetts, Estados Unidos.

1872 Ruth começa a ser abusada pelo vizinho, "senhor Wiggins".

1876 Ao veranear em Hingham, Massachusetts, com a irmã e o cunhado, que a molesta sexualmente, encontra a primeira namorada, com quem continua a se corresponder nos anos subsequentes.

1881-1883 Estuda na Illinois Industrial University, onde sofre assédio sexual do outro cunhado.

1887 Casa-se com Frank A. Field, no dia 12 de outubro.

1889 Parto da primeira filha, natimorta.

1891 Parto da segunda filha, Ava Jane Field, também natimorta. O casamento se desfaz.

1894	Em Nova York, conhece "Juno" (Emma Elizabeth Altman), com quem começa um relacionamento de 15 anos. As duas casam-se em cerimônia particular.
1895	O pai, Joseph Negus Fuller, morre.
1899	Ruth e Emma conhecem Vittoria Cremers e a atriz Johnstone Bennett.
1900	Ao lado de Emma, passa a trabalhar como secretária da milionária Helen Miller Gould.
1905	Ruth e Emma se mudam para o interior de Connecticut.
1907	Ruth e Emma se separam. Ruth se muda para a Europa.
1909	Ruth volta para os Estados Unidos e assume o comando de um lar para crianças convalescentes no norte do estado de Nova York.
1915	Ruth se muda para Califórnia.
1918	Em Nova York, Ruth vê Emma pela última vez.
1920	Em Calistoga, Califórnia, Ruth trabalha como secretária da Câmara do Comércio.
1926	Visita São Francisco acompanhada de Lucy Hopkins.
1928-1929	A pedido de Douglas C. McMurtrie, escreve *The Stone Wall*.
1930	*The Stone Wall* é publicado.
1935	Morre em 22 de fevereiro, em Tujunga, Califórnia. No final da vida, vivia em Glendale com Lucy Hopkins.

QUEM É QUEM

Juno   Emma Elizabeth Altman. Ela e os irmãos foram criados pelo tio, Benjamin Altman, filho de imigrantes judeus da Baviera e fundador da loja de departamentos de luxo B. Altman & Co. Benjamin Altman também ajudou a criar os seis filhos da irmã, Sophia Altman Fleishman, depois que o marido foi assassinado pela Ku Klux Klan, na Flórida, por em 1913, a fortuna de Benjamin Altman era estimada em cinquenta milhões de dólares — ou 1,3 bilhão de dólares, em 2020.

Como secretária particular de Helen Miller Gould, Emma Elizabeth Altman era responsável por administrar seu trabalho de caridade. Gould distribuía quinhentos mil dólares anualmente (equivalente a 15,5 milhões, em 2020) para inúmeras causas, instituições e indivíduos. Em seu último ano de trabalho para Gould, era considerada uma das mulheres mais bem pagas dos Estados Unidos, com um salário noticiado na imprensa de seis a oito mil dólares (170-230 mil, em 2020).

Em junho de 1919, os jornais anunciaram o casamento de Emma Elizabeth Altman com o Dr. Joseph R. Ross, ex-marido de Laura Marie Misker. Em 1942, uma patente de dilatador anal listava o Dr. Joseph R. Ross como inventor e Emma Elizabeth Ross como cedente. Em 1947, o Dr. Ross faleceu em Beverly Hills, Califórnia.

Fil Vittoria Cremers (1859-1937) nasceu Vittoria Cassini, filha do italiano Manrico Vittorio Cassini e da britânica Agnes Elizabeth Rutherford. Casou-se com o barão Louis Cremers, nobre russo membro da família Rothschild, em 1886, e separou-se no ano seguinte. Cremers era envolvida com grupos místicos e radicais, incluindo Madame Blavatsky e o ocultista Aleister Crowley. Cremers também afirmava conhecer a identidade de Jack, o Estripador.

Little Ben Johnstone Bennett (1870-1906), atriz de teatro e do circuito *vaudeville*. Nascida na Europa com o nome de Walenton Cronise, Bennett escolheu o nome artístico juntando o nome da primeira mãe adotiva com a da segunda. Na década de 1890, Bennett era famosa, vestia-se, dentro e fora do palco, à moda masculina, tinha um homem por criado pessoal e dava entrevistas sobre investir em diamantes, mas morreu na miséria, aos 36 anos.

O TÍTULO

Para leitores de hoje, "stone wall" evoca imediatamente o "Stonewall Inn", marco da afirmação LGBTQIA+. Foi neste bar no Greenwich Village nova-iorquino que, em 1969, os frequentadores resistiram bravamente à repressão da "Divisão de Moral Pública" da polícia. O conflito — deflagrado quando uma lésbica negra, Stormé DeLarverie, recusou-se a ser detida — daria impulso à luta contemporânea pelos direitos dos homossexuais e seria comemorado no ano seguinte com a primeira das Paradas do Orgulho Gay.

Há quem afirme que o nome Stonewall Inn é uma homenagem ao livro *The Stone Wall*. Essa teoria se sustenta no fato de que o bar-taberna foi aberto no mesmo ano em que o livro foi publicado. À época, chamava-se Bonnie's Stonewall Inn e era oficialmente um "salão de chá". Estávamos em tempos de Lei Seca e o chá diurno era apenas uma fachada para o álcool servido no *speakeasy* (bar clandestino) à noite, portanto pode-se dizer que o Stonewall já sofria investidas da polícia desde a sua fundação. É certo que muitos salões da região, por oferecerem discrição e liberdade, eram voltados para frequentadores gays ou lésbicas, e talvez tenha sido essa intenção do seu dono, Vincent Bonavia (o "Bonnie" que compunha o nome original do bar): batizá-lo como "Stonewall Inn" como um aceno ao público lésbico. (Ou, sabe-se lá, simplesmente escolheu um nome genérico que soasse como um *pub* inglês).

Curiosamente, Mary Casal (ou Ruth White Fuller) em seu livro revela uma opinião desairosa sobre os "salões" frequentados por gays no bairro vizinho do Bowery:

> *Não tenho espaço aqui para relatar a feiura das cenas que vimos enquanto corríamos de um horrível, mas famoso, salão para o outro, no Bowery e nas vizinhanças. Por muitos anos, tentei esquecer o que vi naquela noite, então não gosto mesmo de me lembrar.*

O preconceito em relação aos salões dos "invertidos" é difícil de compreender em meio à lucidez e bondade com que Mary/Ruth trata a pluralidade sexual humana. Talvez seja a má impressão que teve do Bowery, que, à época, não passava de uma favela.

Enfim, mas se não podemos afirmar com segurança que o livro *The Stone Wall* influenciou o nome do bar

Stonewall Inn, o que então quer dizer "stone wall" e porque o livro tem esse nome?

Não há referências a muros de pedras no livro e tampouco Mary/Ruth faz qualquer analogia com algo que tenha as características de um muro de pedras: instransponível, frio, irredutível. Nem faria sentido a autora se equiparar a um muro de pedras, já que, ainda que se mostre forte na narrativa, ela não esconde suas fragilidades.

Uma teoria liga "muro de pedras" a um termo para designar (ou ofender) lésbicas, especialmente as que vestem-se e comportam-se "como um homem". A palavra é "dyke", homófona a "dike" que, por sua vez quer dizer... "dique", um muro de contenção, geralmente feito de pedra. Portanto "stone wall" seria uma forma enviesada de dizer "dyke". A favor da teoria estão os registros da palavra dez anos antes da publicação do livro, já com esta conotação.

Outra explicação, mais simples e, por isso, menos interessante, estaria no marketing editorial. Sabe-se que Mary/Ruth foi impelida a escrever sua biografia por um editor, e a motivação deste foi bem comercial:

The Well of Loneliness ("O poço da solidão") foi publicado em 1928 e converteu-se em sucesso avassalador, principalmente por conta da polêmica e das tentativas de censura que sofreu. Foi talvez o primeiro relato franco de amor lésbico, uma ficção muito calcada na experiência da autora, a britânica Radclyffe Hall, que hoje seria talvez considerada um homem trans, tendo trocado seu nome de "Marguerite" para "John".

Mary/Ruth também foi motivada a escrever seu livro depois de ler *O poço da solidão:*

Ontem mesmo retirei um best-seller *da biblioteca aqui na minha cidadezinha e, antes de levá-lo, consultei a lista dos leitores que o haviam retirado antes de mim. Lá estavam os nomes de todas as suas filhas. Os meninos não se dão ao trabalho de ler sobre o que recebem em primeira mão. No romance, li sobre todas as coisas das quais escrevo, mas formuladas, é claro, em termos tão oblíquos que o censor pudico prefere lê-lo a descartá-lo.*

Algumas feministas comentam que mesmo que *O poço da solidão* tenha suscitado a consciência do público sobre a homossexualidade feminina e ajudado muitas mulheres a abraçarem sua identidade, o texto tem um tom levemente trágico e de autocomiseração. É talvez em resposta a isso que Mary/Ruth imbui em sua narrativa franqueza, humor e positividade, mesmo quando descreve suas perdas, traumas e desilusões amorosas.

Se está claro que *The Stone Wall* foi encomendado e escrito por conta da publicação de *The Well of Loneliness*, pode-se especular que seu título também foi influenciado pela mesma obra. Talvez o editor tenha escolhido, por motivos mercadológicos, uma palavra que soasse parecida com "well" e outra que não estivesse tão longe do campo semântico de "poço", e assim, de *The Well of Loneliness* chegou a *The Stone Wall*.

Deliberado ou fortuito, referência oblíqua a "dyke" ou mero marketing, o fato do livro chamar-se *The Stone*

Wall e o bar ter por nome *The Stonewall* é auspicioso e merecido. Um foi a primeira vez que uma pessoa assumiu, afirmou e celebrou sua sexualidade e todas as outras formas quando a norma era a repressão e a dicotomia homem/mulher; outro foi o palco no qual, com a necessária violência, a heteronormatividade foi desancada abrindo-se alas para a conquista dos direitos LGBTQIA+ e de uma sociedade (um pouco) menos opressora.

Tradução e pesquisa	Francisco Araújo da Costa
Editora	Carla Cardoso
Revisão	Fernanda Silveira
Apresentação	Alexandra Gurgel
Posfácio	Julio Silveira

Dados Internacionais de Catalogação na Publicação (CIP)
(Câmara Brasileira do Livro, SP, Brasil)

Casal, Mary [Ruth White Fuller], 1864-1935

The stone wall ; tradução e notas Francisco Araújo da Costa. — Rio de Janeiro, RJ : Ímã Editorial : Livros de Criação : Coleção Meia Azul, 2021.

Título original: The Stone Wall : an Autobiography

ISBN 978-65-86419-16-0

1. Casal, Mary, 1864-1935 2. Lesbianismo - Estados Unidos - História 3. Lésbicas - Estados Unidos - Autobiografia I. Costa, Francisco Araújo da. II. Título.

21-83477   cdd 306.7663092

Índices para catálogo sistemático
1. Lésbicas : Autobiografia : Sociologia   306.7663092
Eliete Marques da Silva - Bibliotecária - CRB-8/9380

Ímã Editorial | Livros de Criação
www.imaeditorial.com.br